中国古诗百首读

朱宏达 吴洁敏 选注
许渊冲 王僴中 翻译

— 中国名著简读系列 —
Abridged Chinese Classic Series

100 ANCIENT CHINESE POEMS

华语教学出版社
SINOLINGUA

First Edition 1991
Second Edition 2008

ISBN 978-7-80200-395-8

Published by Sinolingua
24 Baiwanzhuang Road, Beijing 100037, China
TEL: (86)10-68320585
FAX: (86)10-68326333
http://www.sinolingua.com.cn
E-mail: hyjx@sinolingua.com.cn
Printed by Beijing Foreign Languages Printing House
Distributed by China International Book Trading Corporation
35 Chegongzhuang Xilu, P.O. Box 399
Beijing 100044, China

Printed in the People's Republic of China

前　言

中国一向被称为“诗国”。世界各国人民在赞叹中国悠久历史所创造的灿烂文化时，尤为多彩多姿、具有永久艺术魅力的中国古代诗歌所深深吸引。

中国古诗不仅是中国的珍贵文学遗产，也是世界文学宝库中共同的瑰宝。一方面，文学是现实的反映，中国各个时期的诗歌，可以成为形象地了解和把握中国文明的一个“窗口”；另一方面，外国人也可以通过极具魅力的中国古诗，促进学习汉语的兴趣，提高他们对汉文化的鉴赏能力。

笔者长期在外语学院担任汉语教学和对外汉语教学。曾应邀赴德、美、新、马、越南、捷克等国及港台地区，参加国际会议和讲学。2000年以来，多次去美巡回培训华语师资，还远赴法属非洲留尼旺岛参加汉语夏令营，由此而深切感受到国外不同人种、不同层次和不同年龄段的人们，那种愈来愈高涨的学习汉语的热情。如果说笔者独创的汉语节律朗读法，是为了寻求传授一种行之有效的汉语学习方法，那么本书则是笔者为汉语学习者献上的一份见面薄礼。因为中国古诗是根据汉语韵律的优美和汉语的丰富形象性的特点，创造出来的一种以五、七言诗体为主的文学形式。它读来琅琅上口，便于吟哦、朗诵，易于记忆。

本书每首诗都有英语翻译并加注拼音，这是《中国古诗百首读》（修订版）不同于其他同类书的突出特点。外国人学习汉语最难掌握的是声调。通过对中国格律诗的朗读背诵，还可以充分练习汉字的声、韵、调，掌握汉字的四声。因为“古诗宜于缓读，又常常是两个音节为一个‘音步’，中间是‘节落’、顿歇或迂回之处，有从容的时间思考标准音而一步步缓读下去。这对于初学者有极大的方便，可以在悠缓的吟诵式的朗读中，把每个字的声韵调念准”（见徐世荣为拙编《新编普通话教程》作的“序言”）。当然，正在学习英语的中国读者也可以此书作为朗读练习的材料。

中国古诗加注拼音并不是一件容易的事，因为古诗的作者用的是古音。而汉语语音在历史长河中不断发生变化，尤其是古今汉语的声调，从原来的平上去入，变成今天的阴阳上去（方言除外）；入派四声之后，原来的入声字中有48%的常用汉字读成了普通话的阴平、阳平，如果用今音来分析古诗就会不合平仄格律。以本书入选篇目举例，王翰《凉州词》“醉卧沙场君莫笑”中的“场”，该读cháng（平声），才合律。韩翊《寒食》“寒食东风御柳斜”中的“斜”，该读xiá，不读xié。陆游《示儿》“家祭无忘告乃翁”中的“忘”，该读wáng，才合律等等。这是需要我们特别留意并仔细分辨的，尽管古今音的标注人们还有各种不同的看法。

中国古诗以唐代诗歌为代表。本书的选篇即以唐诗为主，兼顾其他。上至《诗经》、《楚辞》、汉乐府、魏晋诗，下至宋、元、明、清诗，均有涉及，可使读者对中国古诗概貌有个粗略的认识。

本书英语翻译由北京大学许渊冲教授、浙江大学王僩中教授担任。

从1991年的第一版到现在，已经足足有16个年头了。16年后，华语教学出版社在原书的基础上做了大量修订工作，并将其再版，我们在此表示衷心的感谢。初版时，原杭州大学姚祖培、万昌盛等教授参加过部分英译，另外担任本书先后两个版次的责任编辑龙燕俐、陆瑜以及英文编辑郭辉女士也为本书付出过辛勤劳动，在此一并致谢。

吴洁敏、朱宏达

2007年2月于杭州西溪陋室

Preface

China has long been known as "a nation of poetry." While marvelling at China's time-honoured history and brilliant civilizations, people around the globe often find themselves deeply impressed by ancient Chinese poems — compelling works of lasting artistic value.

Ancient Chinese poetry is not only part of China's invaluable literary heritage but also a pearl on the crown of world literature. On the one hand, literature is a representation of life. Poems written in different periods in Chinese history open the door to a more concrete understanding of Chinese civilizations. On the other hand, they help foreigners develop an interest in learning Chinese and improve their ability to appreciate Chinese culture.

We have been engaged in teaching Chinese both as the first and second language in a foreign languages college, and have visited Germany, the US, Singapore, Malaysia, Vietnam, Czech as well as Hong Kong and Taiwan of China for international seminars and lectures. We have participated Mandarin Camp in I'lle de la Reunion and since 2000, we as trainers have visited the US for training of Chinese teachers. We feel the increasing enthusiasm for learning Chinese. For Chinese learners, we are glad to create a recitation method in accordance with the rhythm patterns to help them learn the language better. Ancient Chinese poetry is a form of literature that exemplifies the melodious rhythm and rich imagery of the Chinese language, featuring poems mainly composed of five- or seven-character lines. The poems are readable and easy to remember. If put in an anthology together with *pinyin* transcriptions, English translations and a companion CD, as in this case, they are sure to gain popularity among Chinese learners and arouse their interest in the language.

Each poem in this anthology has an English translation and *pinyin* transcriptions, a prominent feature that makes it different from other Chinese poem collections. The tones are the most difficult for foreign learners of Chinese. Reciting classical poems is an effective exercise for Chinese pronunciation and intonation that helps them master the four tones. "Ancient poems are suitable for slow recitation. They often consist of two-syllable feet with pauses in between. The readers have enough time to think about the standard pronunciation of the characters as they read slowly foot by foot. This is a great convenience for beginners. While chanting the poems, they can pronounce each character impeccably." (see Xu Shirong's foreword for our book *A New Mandarin Course*)

However, it is not easy to add *pinyin* to these poems because their writers used ancient pronunciation when composing them. Chinese pronunciation has changed over the centuries. Ancient tones, in particular, are different from the tones today. To enable the readers to fully enjoy the aesthetic appeal of the poems, we adopted ancient pronunciation to preserve the original rhyme patterns.

The Tang Dynasty (618 - 907) produced some of the most representative examples of ancient Chinese poetry. With its focus on Tang poems, *100 Ancient Chinese Poems (Revised Edition)* also contains selections from the *Book of Songs, Songs of Chu,* folk songs of the Han Dynasty (202 B.C. - A.D.220), poems of the Wei Kingdom (220 - 265) and the Jin Dynasty (265 - 420) as well as poems of the Yuan (1271 - 1368), Ming (1368 - 1644) and Qing (1644 - 1911) dynasties, thus giving readers a general picture of ancient Chinese poetry.

Each poem is furnished with information about the author, some brief comments and notes on difficult words for the convenience of the readers. In the comments, we try to explain to the readers the poem's mood and artistic value in a terse and concise way.

The poems are translated by Professor Xu Yuanchong of Peking University and Professor Wang Jianzhong of Zhejiang University.

It has been 16 years since this anthology was first published in 1991. We are grateful that our publisher Sinolingua decides to publish it again and makes great endeavors in improving it. We would like to extend our gratitude not only to former professors Yao Zupei and Wan Changsheng of Hangzhou University for their participation in the translation of the first edition, but also to former editor Ms. Long Yanli and the current editors Ms. Lu Yu and Ms. Guo Hui for their hard work.

Wu Jiemin, Zhu Hongda
Xixi Study, Hangzhou
February 2007

目　录

1.关　雎 ……………………………………《诗经·周南》1
2.木　瓜 ……………………………………《诗经·卫风》4
3.沧浪歌 ……………………………………楚歌 6
4.易水歌 ……………………………………荆轲 7
5.垓下歌 ……………………………………项羽 8
6.大风歌 ……………………………………刘邦 9
7.江　南 ……………………………………汉乐府 10
8.长歌行 ……………………………………乐府歌辞 12
9.龟虽寿 ……………………………………曹操 14
10.七步诗 ……………………………………曹植 16
11.归园田居（其一）…………………………陶渊明 18
12.饮　酒 ……………………………………陶渊明 20
13.敕勒歌 ……………………………………北朝乐府 22
14.人日思归 …………………………………薛道衡 24
15.送杜少府之任蜀州 ………………………王勃 26
16.登幽州台歌 ………………………………陈子昂 28
17.登鹳雀楼 …………………………………王之涣 29
18.凉州词 ……………………………………王之涣 30
19.回乡偶书 …………………………………贺知章 31
20.春　晓 ……………………………………孟浩然 32
21.九月九日忆山东兄弟 ……………………王维 34
22.鹿　柴 ……………………………………王维 36
23.相　思 ……………………………………王维 37
24.送元二使安西 ……………………………王维 38
25.出　塞 ……………………………………王昌龄 39

26.芙蓉楼送辛渐 …………………………… 王昌龄 40
27.静夜思 …………………………………… 李白 41
28.秋浦歌（其十五）……………………… 李白 42
29.黄鹤楼送孟浩然之广陵 ………………… 李白 44
30.望庐山瀑布 ……………………………… 李白 46
31.早发白帝城 ……………………………… 李白 48
32.凉州词 …………………………………… 王翰 50
33.营州歌 …………………………………… 高适 51
34.逢雪宿芙蓉山主人 ……………………… 刘长卿 52
35.绝　句 …………………………………… 杜甫 54
36.江畔独步寻花 …………………………… 杜甫 55
37.绝句二首（其一）……………………… 杜甫 56
38.春　望 …………………………………… 杜甫 58
39.江南逢李龟年 …………………………… 杜甫 60
40.登　高 …………………………………… 杜甫 62
41.逢入京使 ………………………………… 岑参 64
42.寒　食 …………………………………… 韩翃65
43.滁州西涧 ………………………………… 韦应物 66
44.枫桥夜泊 ………………………………… 张继 68
45.游子吟 …………………………………… 孟郊 70
46.江南曲 …………………………………… 李益 72
47.春　怨 …………………………………… 金昌绪 73
48.题都城南庄 ……………………………… 崔护 74
49.赋得古原草送别 ………………………… 白居易 76
50.忆江南 …………………………………… 白居易 78

51.锄　禾 …………………………………… 李绅 80
52.竹枝词 …………………………………… 刘禹锡 81
53.乌衣巷 …………………………………… 刘禹锡 82
54.春　雪 …………………………………… 韩愈 83
55.江　雪 …………………………………… 柳宗元 84
56.渔　翁 …………………………………… 柳宗元 86
57.离思五首（其四）……………………… 元稹 88
58.闺意献张水部 …………………………… 朱庆余 89
59.山　行 …………………………………… 杜牧 90
60.过华清宫绝句（其一）………………… 杜牧 92
61.江南春 …………………………………… 杜牧 94
62.清　明 …………………………………… 杜牧 95
63.夜雨寄北 ………………………………… 李商隐 96
64.乐游原 …………………………………… 李商隐 97
65.蜂 ………………………………………… 罗隐 98
66.送日本国僧敬龙归 ……………………… 韦庄 100
67.江上渔者 ………………………………… 范仲淹 102
68.陶　者 …………………………………… 梅尧臣 103
69.画眉鸟 …………………………………… 欧阳修 104
70.泊船瓜洲 ………………………………… 王安石 105
71.梅　花 …………………………………… 王安石 106
72.书湖阴先生壁二首（其一）…………… 王安石 108
73.饮湖上初晴后雨 ………………………… 苏轼 110
74.题西林壁 ………………………………… 苏轼 112
75.惠崇春江晚景 …………………………… 苏轼 114

76.绝　句 …………………………………… 李清照 115
77.晓出净慈寺送林子方 ………………………… 杨万里 116
78.游山西村 …………………………………… 陆游 118
79.十一月四日风雨大作 ………………………… 陆游 120
80.剑门道中遇微雨 ……………………………… 陆游 122
81.示　儿 ……………………………………… 陆游 124
82.四时田园杂兴（其一） ……………………… 范成大 126
83.游园不值 …………………………………… 叶绍翁 128
84.过零丁洋 …………………………………… 文天祥 130
85.癸巳五月三日北渡（其一） ………………… 元好问 132
86.上京即事（其一） …………………………… 萨都剌 134
87.天净沙 · 秋思 ……………………………… 马致远 136
88.寻胡隐君 …………………………………… 高启 138
89.京师得家书 ………………………………… 袁凯 140
90.石灰吟 ……………………………………… 于谦 142
91.朝天子 · 咏喇叭 …………………………… 王磐 144
92.明日歌 ……………………………………… 文嘉 146
93.舟夜书所见 ………………………………… 查慎行 148
94.养蚕词 ……………………………………… 缪嗣寅 150
95.慈仁寺荷花池 ……………………………… 何绍基 152
96.村　居 ……………………………………… 高鼎 154
97.已亥杂诗（选一） …………………………… 龚自珍 156
98.赠梁任父同年 ……………………………… 黄遵宪 158
99.台湾竹枝词（其一） ………………………… 梁起超 160
100.本事诗（选一） …………………………… 苏曼殊 162

关雎

《诗经·周南》

guān guān jū jiū
关关雎鸠[1]，

zài hé zhī zhōu
在河之洲[2]。

yǎo tiǎo shū nǚ
窈窕淑女[3]，

jūn zǐ hào qiú
君子好逑[4]。

cēn cī xìng cài
参差荇菜[5]，

zuǒ yòu liú zhī
左右流之[6]。

yǎo tiǎo shū nǚ
窈窕淑女，

wù mèi qiú zhī
寤寐求之[7]。

qiú zhī bù dé
求之不得，

wù mèi sī fú
寤寐思服[8]。

yōu zāi yōu zāi
悠哉悠哉[9]，

zhǎn zhuǎn fǎn cè
辗转反侧[10]。

cēn cī xìng cài
参差荇菜，
zuǒ yòu cǎi zhī
左右采之。
yǎo tiǎo shū nǚ
窈窕淑女，
qín sè yǒu zhī
琴瑟友之[11]。

cēn cī xìng cài
参差荇菜，
zuǒ yòu mào zhī
左右芼之[12]。
yǎo tiǎo shū nǚ
窈窕淑女，
zhōng gǔ yuè zhī
钟鼓乐之[13]。

【赏析】《诗经》是中国第一部诗歌总集。《关雎》就是这部总集中的第一篇。这首诗写一个青年热恋着一位采荇菜的女子。先写他钟情于善良美好的姑娘，再写他执著的追求，最后写他在“求之不得”的情况下，想象着热热闹闹地把姑娘娶过来的情景。

The Ospreys

(From Zhounan, The Book of Songs)

The ospreys sing a joyful tune
On the isle of the river clear.
There is a maiden fair and chaste,
She is a gentleman's beloved so dear.

The spatterdocks grow high or low,
She gathers them along the stream;
This maiden is so fair and chaste,
Beloved of the man, awake or in dream.

He courts her but with labours vain,
And thinks of her, awake and asleep,
He thinks of her, long and deep,
Tossing about, unable to go to sleep.

The spatterdocks grow high or low,
She gathers them on left and right;
This maiden is so fair and chaste,
Let zither sweet give her delight.

The spatterdocks grow high or low,
She gathers them from here or there.
This maiden is so fair and chaste,
Let drum and bell bring pleasure to her.

Translated by Wang Jianzhong

【注释】 1.关关：水鸟的叫声。雎鸠：一种水鸟。2.河：黄河。洲：水中小岛。3.窈窕：纯洁美丽。淑：善良、美好。4.好逑：喜爱的配偶。5.参差：长短不齐。荇菜：生在水面上的一种植物，可以食用。6.流：顺着水势去采。7.寤寐：寤，睡醒；寐，睡着。8.思服：思念。服的意义同"思"。9.悠哉：形容思念之情很深且长。10.辗转反侧：翻来覆去。指在床上不能安眠。11.琴瑟：古代弦乐器。友：亲爱。12.芼：择取。13.乐：读(yuè)，使动用法，意为使……愉悦。

木瓜

《诗经·卫风》

tóu wǒ yǐ mù guā
投我以木瓜[1]，
bào zhī yǐ qióng jū
报之以琼琚[2]。
fěi bào yě
匪报也[3]，
yǒng yǐ wéi hǎo yě
永以为好也。

tóu wǒ yǐ mù táo
投我以木桃[4]，
bào zhī yǐ qióng yáo
报之以琼瑶。
fěi bào yě
匪报也，
yǒng yǐ wéi hǎo yě
永以为好也。

tóu wǒ yǐ mù lǐ
投我以木李[5]，
bào zhī yǐ qióng jiǔ
报之以琼玖。
fěi bào yě
匪报也，
yǒng yǐ wéi hǎo yě
永以为好也。

The Papaya

(From Weifeng, The Book of Songs)

You gave me a papaya,
And a gem I offered you.
It's not just a gift for a gift,
But my everlasting love for you.

You gave me a peach,
And a ruby I offered you.
It's not just a gift for a gift,
But my everlasting love for you.

You gave me a plum,
And a jewel I offered you.
It's not just a gift for a gift,
But my everlasting love for you.

Translated by Wang Jianzhong

【赏析】男女青年互赠礼物，以表达各自的爱慕之心和初萌的情爱。全诗反复咏唱，气氛热烈，感情真挚，是中国古老民歌中的著名情诗。

【注释】1.投：送。木瓜：植物名，落叶灌木。果实可食，亦可供赏玩。2.报：回礼。琼琚：一种美玉，即宝石，后面的"琼瑶"、"琼玖"也指美玉，都是当时贵族男子佩在衣带上的一种装饰品。诗中男主人公以此送给女子，意在托物定情。3.匪：同"非"，即"不是"。4.木桃：桃子。5.木李：李子。

楚歌

沧浪歌

cāng làng zhī shuǐ qīng xī
沧浪之水清兮[1]，

kě yǐ zhuó wǒ yīng
可以濯我缨[2]。

cāng làng zhī shuǐ zhuó xī
沧浪之水浊兮，

kě yǐ zhuó wǒ zú
可以濯我足。

【赏析】 这是一首流传于春秋战国时代的南方民歌。最早见于《孟子·离娄》篇的记载。又名《孺子歌》。据说孔子（春秋时大思想家、教育家）在听到一位少年唱这支歌后，感触很深，对他的学生们说："你们记着呀！水清就洗帽缨，水浊就洗脚，这完全是由水本身决定的。"意思是一个人思想品行端正了，旁人就会尊敬他；思想品行不端正，旁人也就会看不起他。要得到人们的尊重，先要尊重自己。

【注释】 1. 沧浪：水名。约在现在的湖北省。兮：古诗中的语气助词，相当于现代汉语中的"啊"。2. 濯：洗。缨：系帽子的带子。

Song of the Canglang River

(Songs of Chu Dyn.)

When Canglang streams are clear,
    I can wash my hat string clean;
When Canglang streams are turbid,
    I can wash my feet therein.

Translated by Wang Jianzhong

易水歌[1]

（战国）荆轲

fēng xiāo xiāo xī yì shuǐ hán
风萧萧兮易水寒[2]，
zhuàng shì yí qù xī bú fù huán
壮士一去兮不复还[3]！

【赏析】 荆轲（Jīng Kē，?—前227），中国古代战国时期的一个刺客。他受燕国太子丹的嘱托，以使者的名义，去刺杀图谋吞并六国的秦王，失败后，壮烈献身。这首歌是荆轲在燕国易水之滨，辞别太子丹和众多宾客时所唱的，慷慨悲壮，动人心弦，充分反映了荆轲不畏强暴，视死如归的精神。

【注释】 1.易水：河名，在现在的河北省境内。2.萧萧：风声。3.不复还：不再回来。

Song of the Yi River

(Warring States Period) Jing Ke

The wind is moaning,
And cold is the river;
Gone will be the warrior brave,
Gone to come back never.

Translated by Wang Jianzhong

垓下歌[1]

（秦）项羽

lì bá shān xī qì gài shì
力拔山兮气盖世[2]，
shí bú lì xī zhuī bú shì
时不利兮骓不逝[3]。
zhuī bú shì xī kě nài hé
骓不逝兮可奈何[4]，
yú xī yú xī nài ruò hé
虞兮虞兮奈若何[5]！

【赏析】 这首歌是项羽（Xiàng Yǔ，前232—前202，秦末农民起义军领袖，"楚汉之战"中为刘邦击败。）被汉兵围困于垓下，大势已去，为告别虞美人所唱。悲歌慷慨，感人至深，可以说是英雄项羽临终前的一首绝命辞。

【注释】 1.垓下：古地名，在今安徽灵璧县东南。2.气：气概。盖世：笼罩宇宙。气盖世：形容气概不凡，武艺超群。3.时：时势。骓：毛色青白间杂的马。不逝：不能奔驰向前。4.奈何：怎么办。5.虞：项羽爱妾虞姬（jī），亦称虞美人。若：你。虞兮句意思是，虞姬啊！虞姬啊！你将怎么办呢？

Song of Gaixia

(Qin Dyn.) Xiang Yu

I have great power to remove the mountain high,
Yet when time is against me, my dappled steed will not go.
When my dappled steed will not go, what could I do?
Oh, my lady dear, what then could you do?

Translated by Wang Jianzhong

大风歌

（汉）刘邦

dà fēng qǐ xī yún fēi yáng
大风起兮云飞扬，
wēi jiā hǎi nèi xī guī gù xiāng
威加海内[1]兮归故乡。
ān dé měng shì xī shǒu sì fāng
安得猛士兮守四方[2]！

【赏析】 刘邦（Liú Bāng，?—前195），是反秦斗争中的一个领袖，推翻秦王朝后，又战胜了另一支起义队伍，创建了汉王朝，后称汉高祖。这首诗是刘邦消灭异姓诸侯王之后，返回故乡沛县（今江苏丰县）时所作。前两句写天下已定，威震海内，末一句写渴望求得猛士守御四方。全诗辞意畅达，充分表现了刘邦能创业又决心守业的豪迈气概。

【注释】 1.海内：国内。威加海内：统一中国的意思。2.安得：怎得。猛士：勇士。

Song of Heavy Wind

(Han Dyn.) Liu Bang

A heavy wind rises up, and clouds disperse and flee;
Home I return, now I've conquered all the land and sea;
But where could I get brave warriors to guard the country?

Translated by Wang Jianzhong

江南

汉 乐府

jiāng nán kě cǎi lián
江南可采莲，
lián yè hé tián tián
莲叶何田田[1]！
yú xì lián yè jiān
鱼戏莲叶间：
yú xì lián yè dōng
鱼戏莲叶东，
yú xì lián yè xī
鱼戏莲叶西，
yú xì lián yè nán
鱼戏莲叶南，
yú xì lián yè běi
鱼戏莲叶北。

【赏析】汉武帝设掌管音乐的机构叫乐府，他们收集、整理、制订的乐章歌辞叫做乐府诗，简称“乐府”。本篇属汉乐府《相和歌·相和曲》。全诗通过“鱼戏莲叶间”的反复描写，反映出江南水乡的美丽风光和采莲人的愉快心情。语言平易，风格清新，是一首质朴自然的民歌。

【注释】1.田田：莲叶茂盛的样子。

The Southern Clime

(A Han Dyn. Yuefu)

In southern clime are lotuses to be gathered,
The lotus leaves are spreading far and wide,
And fishes sport among the leaves everywhere,
They sport and move to this and that side,
To the east, to the west, to the north and south,
The fishes sport and move on every side.

Translated by Wang Jianzhong

长歌行

乐府歌辞

qīng qīng yuán zhōng kuí
青青园中葵[1]，
zhāo lù dài rì xī
朝露待日晞[2]。
yáng chūn bù dé zé
阳春布德泽[3]，
wàn wù shēng guāng huī
万物生光辉。
cháng kǒng qiū jié zhì
常恐秋节至[4]，
kūn huáng huā yè shuāi
焜黄华叶衰[5]。
bǎi chuān dōng dào hǎi
百川东到海[6]，
hé shí fù xī guī
何时复西归[7]？
shào zhuàng bù nǔ lì
少壮不努力，
lǎo dà tú shāng bēi
老大徒伤悲[8]。

【赏析】这首诗采用暗示、比喻等手法，说明万物都有一个由盛到衰的过程，自然规律不可抗拒，人们应当珍惜宝贵的光阴，及时努力，有所作为。最后“少壮不努力，老大徒伤悲”两句，已成为脍炙人口的名句。

【注释】1.葵：葵菜，中国古代重要蔬菜之一。2.朝露：早晨的露水。晞：干。青青二句意思是，园子里葵叶上的露水，等太阳出来就晒干了，暗示时光易逝。3.阳春：温暖的春天。布：分给。德泽：恩惠。阳春句是说大自然给植物以露水和阳光。4.秋节：秋季。5.焜黄：枯黄貌。华：同“花”。6.百川：形容河流很多。7.百川二句的意思是中国地势西北高，东南低，大河流一般都东流入海。这是比喻光阴一去不复返。8.徒：空。

Dew: 朝露 zhāo lù
Ray:
Sunrise: 日晞 rì xī
Old age 老大
withered
flowers/plum.
Springsun 阳春

Ballad of Time

(A Yuefu Song)

In the garden green grow happy sunflowers,
At sunrise the dews thereon will melt away.
When sunshine in spring sheds blissful showers,
All things glow bright with its brilliant ray;
Yet we fear when autumn tides come again,
All flowers and plants will soon withered be.
Since all the rivers roll eastwards to the sea,
When is it possible they will flow westwards again?
If one throws idly away his golden time in youth,
In his old age he'll taste but the fruit of ruth.

Translated by Wang Jianzhong

龟虽寿

（三国）曹操

shén guī suī shòu
神龟虽寿[1]，

yóu yǒu jìng shí
犹有竟时[2]。

téng shé chéng wù
腾蛇乘雾[3]，

zhōng wéi tǔ huī
终为土灰。

lǎo jì fú lì
老骥伏枥[4]，

zhì zài qiān lǐ
志在千里。

liè shì mù nián
烈士暮年[5]，

zhuàng xīn bù yǐ
壮心不已[6]。

yíng suō zhī qī
盈缩之期[7]，

bú dàn zài tiān
不但在天[8]。

yǎng yí zhī fú
养怡之福[9]，

kě dé yǒng nián
可得永年[10]。

xìng shèn zhì zāi
幸甚至哉，

gē yǐ yǒng zhì
歌以咏志。

Though the Turtle Has a Long Life

(Three Kingdoms Dyn.) Cao Cao

The miraculous turtle is blessed with longevity,
Yet it will cease to breathe one day.
Though the mythical snake can ride the mist,
At last it'll fall and come to dust.
The aged steed, bent low at the trough,
Still yearns for a gallop long and tough.
When a man of ambition wanes in age,
The youthful hopes in his bosom still rage.
All changes and vicissitudes in life of men
Are not merely due to the will of Heaven.
Always a cheerful heart to sustain
Is the way a longevity to maintain.
Oh, for a happy life ever long,
This is my wish couched in the song.

Translated by Wang Jianzhong

【赏析】曹操（Cáo Cāo，155–220），是中国历史上著名的政治家和军事家，也是建安时期承前启后的文学家。这首四言诗，原是《步出夏门行》的第四章，抒发了作者不服老、不信天、奋发有为、老当益壮的雄心壮志。

【注释】1.神龟：传说龟能活千岁以上，故有"神龟"之称。寿：长寿。2.竟：终结，终了。3.腾蛇：传说中能腾云驾雾的一种神蛇。4.骥：千里马。枥：马槽。5.烈士：这里指有抱负、有才干的的人。暮年：晚年。6.已：止。7.盈缩：进退、升降、成败、祸福等。8.盈缩二句意思是成败祸福，并不全由天定。9.养怡：调养性情，使之愉快。10.养怡二句是说只要注意养生，精神乐观，可保长寿。

七步诗

（三国）曹植

zhǔ dòu rán dòu qí
煮豆燃豆萁[1]，

lù chǐ yǐ wéi zhī
漉豉以为汁[2]。

qí zài fǔ xià rán
萁在釜下燃[3]，

dòu zài fǔ zhōng qì
豆在釜中泣：

běn shì tóng gēn shēng
本是同根生，

xiāng jiān hé tài jí
相煎何太急[4]？

【赏析】曹植（Cáo Zhí，192—232），三国时魏国的著名文学家。他是曹操与其妻卞氏所生第三子，因为才华出众，曹操曾想立他做太子。后来曹植的二哥曹丕做了皇帝，对曹植百般迫害。因而曹植后期诗歌多抒写自己的不幸遭遇和蒙受的政治迫害。据《世说新语·文学》记载，有一次曹丕要曹植走七步路就写出一首诗来，否则杀头。曹植还没走完七步，就吟咏出这首讥刺骨肉相残的诗，使曹丕看了也觉得惭愧不已，打消杀害曹植的念头。全诗纯用比喻，形象生动，感人肺腑。

Seven-Step Poem

(Three Kingdoms Dyn.) Cao Zhi

Under the boiling beans the stalks are burning,
The beans, fermented, to juice are turning.
While stalks under the pot are burning hot,
The beans are sobbing hard within the pot:
"Out of the selfsame stock are we,
Why burn thou so hard against me?"

Translated by Wang Jianzhong

【注释】 1.豆萁：豆的梗子。煮豆句意思是烧豆萁来煮豆子。2.漉：过滤。豉：豆豉，蒸熟以后发过酵的豆子。漉豉句意思是用发过酵的豆豉，过滤一下，做调味的汁水。煮豆二句在《世说新语》中一作"煮豆持作羹，漉菽以为汁"，其意相同。3.萁：指豆萁，豆的梗子。釜：锅子。4.煎：煎熬。相煎：即逼迫的意思。最后两句意思是说，我们本是一个根上生长起来的，你为什么对我逼迫得这样急呢？此处借豆子责问豆萁，暗指曹丕对曹植的责难。

归园田居（其一）

（东晋）陶渊明

zhòng dòu nán shān xià
种豆南山下[1]，
cǎo shèng dòu miáo xī
草盛豆苗稀。
chén xīng lǐ huāng huì
晨兴理荒秽[2]，
dài yuè hè chú guī
带月荷锄归[3]。
dào xiá cǎo mù zhǎng
道狭草木长，
xī lù zhān wǒ yī
夕露沾我衣[4]。
yī zhān bù zú xī
衣沾不足惜[5]，
dàn shǐ yuàn wú wéi
但使愿无违[6]。

【赏析】陶渊明（Táo Yuānmíng，365—427），又名陶潜，字元亮。中国东晋时期的大诗人，以善写田园诗闻名于中国诗坛。这首诗就以清新自然的语言，毫不雕琢地写出了诗人在田间劳动时的一些感受，表达了诗人对躬耕自给生活的赞美。

【注释】1.南山：这里指庐山。2.兴：起。荒秽：指豆田中的杂草。3.带：一作“戴”。荷：扛着。带月句意为，一直劳动到月亮出来，方才扛上锄头，披戴着月光回家。4.夕露：夜晚的露水。5.衣沾：衣服被露水濡湿。6.愿无违：不要违背自己归隐田园的心愿。

Return to My Fields

(One Selection)
(Eastern Jin Dyn.) Tao Yuanming

Under the southern hill I grow the pea and bean,
Whose tender growth, as choked by weeds, is sparse and lean.
With the sun I rise and go the weeds to remove,
In moonlight, shouldering a hoe, I homewards move.
The narrow path is overgrown with long grass,
The evening dews wet my clothes as I pass.
I'm not so much worried about my attire,
I only wish to follow my cherished desire.

Translated by Wang Jianzhong

饮酒

（东晋）陶渊明

jié lú zài rén jìng
结庐在人境[1]，

ér wú chē mǎ xuān
而无车马喧[2]。

wèn jūn hé néng ěr
问君何能尔[3]？

xīn yuǎn dì zì piān
心远地自偏[4]。

cǎi jú dōng lí xià
采菊东篱下，

yōu rán jiàn nán shān
悠然见南山[5]。

shān qì rì xī jiā
山气日夕佳[6]，

fēi niǎo xiāng yǔ huán
飞鸟相与还[7]。

cǐ zhōng yǒu zhēn yì
此中有真意[8]，

yù biàn yǐ wàng yán
欲辨已忘言[9]。

【赏析】陶诗《饮酒》是总题，共二十首，这是第五首，写作者远离世俗社会之后，恬然自适的心情，所以题目虽然叫《饮酒》，实际上无一字涉及饮酒。

Drinking

(Eastern Jin Dyn.) Tao Yuanming

I take my residence in the busy world of men,
Yet I hear no cart nor horse from the street.
How is it that I can remain so calmly serene?
It's the leisured mind that affords a quiet retreat.
Beneath the eastern hedge I pluck the chrysanthemum,
And raise my eye towards the southern hill in calm.
The mountain scenes in even-tide are so sweet,
The birds in company return to their domestic seat.
In nature there is really so much to please me,
Yet to express this feeling, no word can help me.

Translated by Wang Jianzhong

【注释】1.结庐：盖房子。这里是住的意思，人境：有人居住往来的地方。2.喧：吵闹的声音。而无句说，听不到车马吵闹的声音。3.君：指陶渊明。何能尔：为什么能够做到这样。问君句意思是假设有人问陶渊明为什么能够做到这样。4.偏：偏僻，冷静。心远句意思是，因为自己的心灵已远离了尘俗的牵缠，所以住的地方也自然好像显得清静起来了。这里是回答上句的问题。5.悠然：悠闲自得的样子。6.山气：山中的景色。日夕：近黄昏的时候。7.相与还：一个个地相随着飞回来。8.此中：这里面。真意：指从大自然里面所领会到的一种真正意趣。9.辨：说明。忘言：想不到用哪一种言语来表达。此中二句意思是说，从大自然的景色里，领会到一种意趣；想要说明白，但又不知该怎么说了。

敕勒歌

北朝乐府

chì lè chuān
敕勒川[1]，

yīn shān xià
阴山下[2]。

tiān sì qióng lú
天似穹庐[3]，

lǒng gài sì yǎ
笼盖四野[4]。

tiān cāng cāng
天苍苍，

yě máng máng
野茫茫[5]，

fēng chuī cǎo dī xiàn niú yáng
风吹草低见牛羊[6]。

【赏析】这是一首南北朝时代北方民族的民歌。它生动地描绘了中国西北草原上雄壮美丽的景象：高朗的青天，无边的草原，成群的牛羊，牧人们在唱着嘹亮豪放的歌曲。

【注释】1.敕勒：古代中国的一个北方种族名称。川：这里指平原。2.阴山：山脉名，在今内蒙古自治区境内。3.穹庐：北方草原人民居住的毡制圆顶帐篷。俗称“蒙古包”。4.笼盖四野：辽阔的草原和天边连在一起，天空仿佛是一顶庞大的圆帐，笼罩在整个原野上。野：亦可读作yà。5.茫茫：形容辽阔无边。6.见：同“现”，此处读xiàn，露在外面，使人可以看见。

Ballad of Chile

(A Yuefu Song of the Northern Dynasties)

The river Chile flows
Under the Yin Mountains.
Heaven, as a domed yurt,
Hangs over the extensive land.
Beneath the deep-blue sky,
Across the country wild,
A passing wind bends low the grass,
And reveals the grazing cows and sheep.

Translated by Wang Jianzhong

人日思归[1]

（隋）薛道衡

rù chūn cái qī rì
入春才七日，

lí jiā yǐ èr nián
离家已二年[2]。

rén guī luò yàn hòu
人归落雁后[3]，

sī fā zài huā qián
思发在花前。

【赏析】薛道衡（Xuē Dàohéng，540—609）是隋代艺术成就最高的诗人。这首诗写他出使陈国时，在江南怀恋故乡的思情。据说陈国人看了这首诗的前两句说：这是什么话？谁说他会做诗呢？及至看到诗的后两句，才说：到底名不虚传。平淡的前两句衬托精彩的后两句，全诗以计算归期的思想活动细节，委婉地表达思家的深情，颇有含蓄不尽的风味。

【注释】1．人日：相传古代以农历正月初七为人日。2．离家句意思是说在客中度岁，由旧年跨入了新年，并非整整两年。3．人归二句意思是归乡之意早在春暖花开前就有了，但真正动身也许要落在北归的大雁后边。

Nostalgia On the Seventh Day of the Year's First Month

(Sui Dyn.) Xue Daoheng

Only seven days have passed since spring set in,
Now is the second year after I left my home.
Still I must tarry here until wild geese are gone,
Though nostalgia arose in me before trees were in bloom.

Translated by Wang Jianzhong

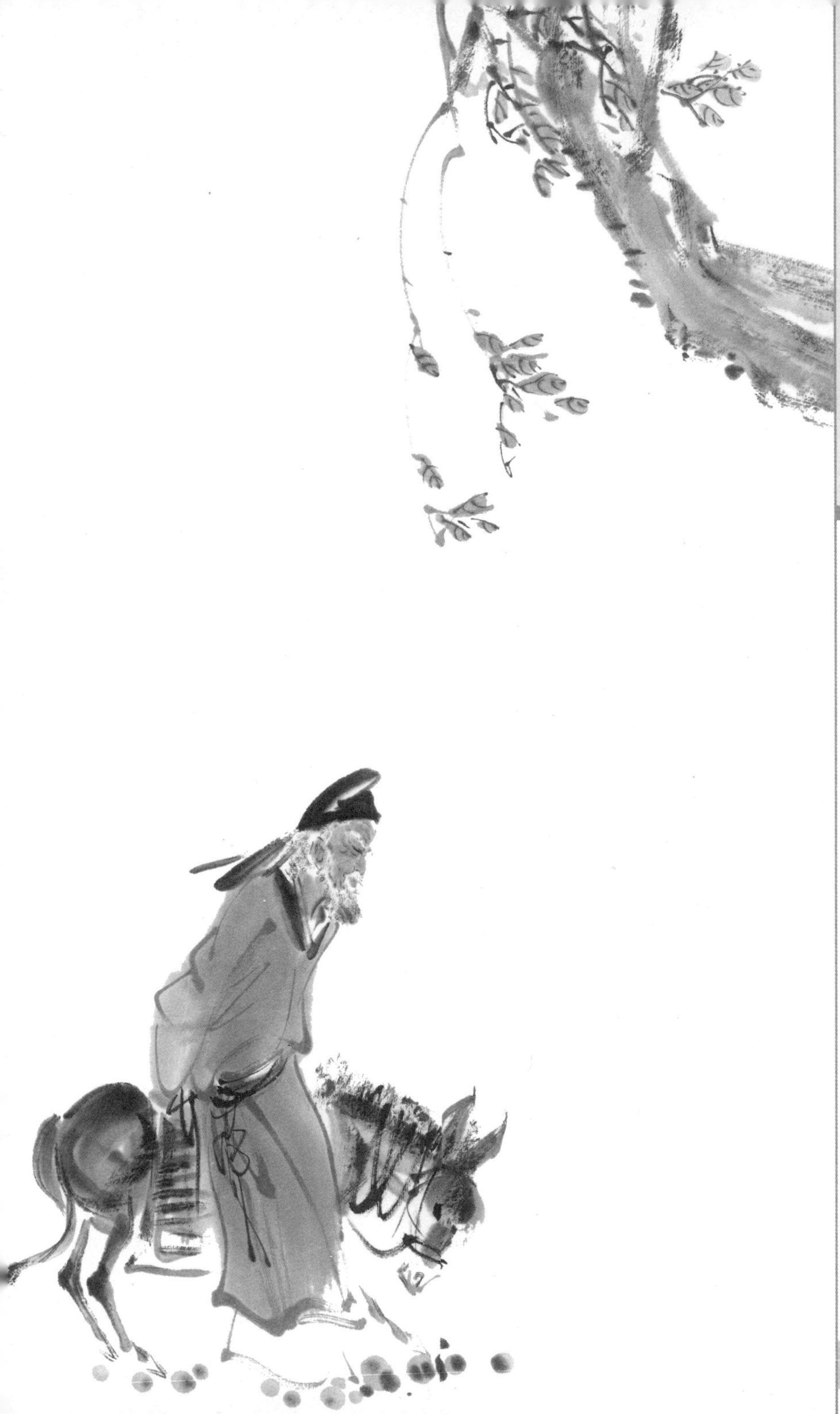

送杜少府之任蜀州[1]

（唐）王勃

chéng què fǔ sān qín
城阙辅三秦[2]，

fēng yān wàng wǔ jīn
风烟望五津[3]。

yǔ jūn lí bié yì
与君离别意，

tóng shì huàn yóu rén
同是宦游人[4]。

hǎi nèi cún zhī jǐ
海内存知己，

tiān yá ruò bǐ lín
天涯若比邻[5]。

wú wéi zài qí lù
无为在歧路[6]，

ér nǚ gòng zhān jīn
儿女共沾巾[7]。

【赏析】王勃（Wáng Bó，约650—676），字子安，绛州龙门（今山西河津）人，是“初唐四杰”之一；虽才学兼富，但一生不得志。这首诗用开朗壮阔的诗情，排遣缠绵悱恻的离情别绪，变悲凉为豪放，表现了作者通达乐观的胸怀。

【注释】1.少府：当时对县尉（掌管一县军事工作的官吏）的尊称。之任：上任、就职。蜀州：地名，今四川崇庆县。2.城阙：这里指唐代首都长安城。三秦：秦汉之际，项羽曾把秦国土地分为雍、塞、翟三国，总称三秦。这里指

Farewell to Vice Prefect Du

(Tang Dyn.) Wang Bo

You leave the walled capital
For river shores where mist veils all.
We part, officials far from home,
Over an alien land we roam.
If you've a friend who knows your heart,
Distance can't keep you two apart.
At crossroads where we bid adieu,
Do not shed tears as women do!

Translated by Xu Yuanchong

长安附近关中一带。辅：卫护。3.风烟：风云。津：渡口。五津：指四川省岷江从灌县到犍为县一段中的五个渡口，即白华津、万里津、江首津、涉头津、江南津。这里指杜少府将要去的蜀地。城阙二句意思是杜少府将要南下，远望蜀州，但见风烟杳渺而已。4.宦游人：在异乡做官的人。5.海内二句意思是四海之大，总有知心的好朋友；虽然远在天边，可是还像邻居一样亲近。6.无为：不用。歧路：岔路。这里指相别的地方。7.沾巾：泪水沾湿了袖巾。

登幽州台歌[1]

（唐）陈子昂

qián bú jiàn gǔ rén
前不见古人，

hòu bú jiàn lái zhě
后不见来者[2]。

niàn tiān dì zhī yōu yōu
念天地之悠悠，

dú chuàng rán ér tì xià
独怆然而涕下[3]。

【赏析】陈子昂（Chén Zǐ'áng，661—702），字伯玉，梓州射洪（今属四川省）人，是初唐"四杰"之后的著名诗人，他在文学革新上的理论和实践，对当时诗风、文风的转变有着重大的影响。这首诗写诗人登台远眺，既看不到像燕昭王那样的古代贤君，也见不到后代的明君。想到茫茫宇宙，天长地久，愈加感到自己孤单寂寞，因而悲从中来，怆然流泪。全诗慷慨悲凉，表现了诗人失意的境遇和寂寞苦闷的情怀。

【注释】 1.幽州台：又称蓟(jì)北楼。幽州：郡名，古代燕国所在地。幽州台在今北京市大兴县一带。2.古人、来者：指从前的贤者和未来的贤者。3.怆然：感伤地。涕：眼泪。

On Climbing Youzhou Tower

(Tang Dyn.) Chen Zi'ang

Where are the sages of the past
And those of future years?
Sky and earth forever last,
Lonely, I shed sad tears.

Translated by Xu Yuanchong

登鹳雀楼[1]

（唐）王之涣

bái rì yī shān jìn
白日依山尽，
huáng hé rù hǎi liú
黄河入海流。
yù qióng qiān lǐ mù
欲穷千里目，
gèng shàng yì céng lóu
更上一层楼。

【赏析】王之涣（Wáng Zhīhuàn，688—742），字季陵，晋阳（今山西太原）人，唐代著名诗人。他的诗大都散佚，今尚存六首。这首诗通过登楼望远的感受，写出诗人宽广的胸怀；并通过含蓄的语言和浓郁的韵味，给读者留下充分的想象余地和某些人生哲理的有益启示。

【注释】1.鹳雀楼：在今山西省永济县黄河边，是俯瞰黄河的登临胜地。

On the Stork Tower

(Tang Dyn.) Wang Zhihuan

The sun beyond the mountains glows;
The Yellow River seawards flows.
You can enjoy a grander sight
By climbing to a greater height.

Translated by Xu Yuanchong

凉州词[1]

（唐）王之涣

huáng hé yuǎn shàng bái yún jiān
黄河远上白云间，

yí piàn gū chéng wàn rèn shān
一片孤城万仞山[2]。

qiāng dí hé xū yuàn yáng liǔ
羌笛何须怨杨柳[3]，

chūn fēng bú dù yù mén guān
春风不度玉门关[4]。

【赏析】这首诗描写古代西北边境凉州一带的景象，反映出诗人壮阔豪放的情怀。前两句写景：汹涌的黄河像一条丝带迤逦飞上云端，孤城一座在万丈高山环抱中兀然屹立，给人留下了广漠壮阔、孤城险要的印象。后两句写抒情：边疆人的笛子哀怨地吹奏着《折杨柳》的曲调，而作者却认为不必怨恨，因为玉门关外，是春风都吹不到的地方。全诗以壮阔的心胸，抒写出戍边者不得还乡的怨情感慨。

【注释】1. 凉州：地名，在今甘肃省武威县。凉州词：凉州歌的唱词。2. 仞：古代长度单位，七尺或八尺为一仞。万仞：形容山极高。3. 羌：中国古代西北地区的少数民族。杨柳：即《折杨柳》，古乐府曲调。怨杨柳：表示对西北地区的荒凉和戍边不归的怨情。4. 玉门关：在今甘肃省敦煌县西，是古代通往西域的要道。

Song of Liangzhou

(Tang Dyn.) Wang Zhihuan

Far into the upper clouds rolls away the River Yellow,
Within the towering mountains stands a lonely city.
Why should the frontier flute complain of the willow,
Since no vernal breeze can pass beyond Yumen Way?

Translated by Wang Jianzhong

回乡偶书[1]

（唐）贺知章

shào xiǎo lí jiā lǎo dà huí
少小离家老大回，

xiāng yīn wú gǎi bìn máo shuāi
乡音无改鬓毛衰[2]。

ér tóng xiāng jiàn bù xiāng shí
儿童相见不相识，

xiào wèn kè cóng hé chù lái
笑问"客从何处来？"

【赏析】 贺知章（Hè Zhīzhāng，659—744），字季真，会稽永兴（现浙江萧山）人，是唐代著名的诗人和书法家，李白的好友。早年在朝廷做官，晚年回家乡隐居。这首诗写作者年轻时离开家乡，到年老后才回来。孩子们见到他时，居然笑着问他是从哪里来的。全诗将作者叶落归根时的感慨和喜悦，儿童的天真活泼神态，非常朴素而细腻地描绘出来了。

【注释】 1.偶书：偶然地、随意地写下来。2.鬓毛：耳边的头发。衰：稀疏，此处为合平仄，读 shuāi，古时读 cuī。鬓毛衰：意指一个人衰老的开始。

Coming Home

(Tang Dyn.) He Zhizhang

I left home young and not till old do I come back,
My accent is unchanged, my hair no longer black.
The children don't know me whom I meet on the way,
"Where d'you come from, reverend sir?" they smile and say.

Translated by Xu Yuanchong

春晓

（唐）孟浩然

chūn mián bù jué xiǎo
春眠不觉晓，
chù chù wén tí niǎo
处处闻啼鸟。
yè lái fēng yǔ shēng
夜来风雨声，
huā luò zhī duō shǎo
花落知多少？

【赏析】孟浩然（Mèng Hàorán，689—740），襄州襄阳（今湖北襄阳）人，是唐代著名的山水田园诗人。他在政治上一生不得志，擅长写五言诗，与王维并称为"王孟"诗派。这首诗描写雨后春天早晨的情景。只从听觉角度着笔，一片啼鸟声引起作者对春天的美好想象；潇潇风雨声，又使作者担心花朵的飘零凋落。盎然的春意和大自然的美好，是通过诗人室内耳闻和联想加以表现的。全诗语言平易浅近，自然天成，深受古今读者的喜爱。

A Spring Morning

(Tang Dyn.) Meng Haoran

This morn of spring in bed I'm lying,
Not woke up till I heard birds crying.
After one night of wind and showers,
How many are the fallen flowers!

Translated by Xu Yuanchong

九月九日忆山东兄弟[1]

（唐）王维

dú zài yì xiāng wéi yì kè
独在异乡为异客，
měi féng jiā jié bèi sī qīn
每逢佳节倍思亲[2]。
yáo zhī xiōng dì dēng gāo chù
遥知兄弟登高处[3]，
biàn chā zhū yú shǎo yì rén
遍插茱萸少一人[4]。

【赏析】王维（Wáng Wéi，701—761），字摩诘，原籍太原祁，后迁居蒲州（均属今山西省），是唐代一位多才多艺的大诗人。所作山水景物诗尤其清新自然，富有美感。被宋代大诗人苏轼称作“诗中有画，画中有诗”。这首诗写诗人在重阳节思念亲人的感情。诗的前两句直抒思情，“每逢佳节倍思亲”更富有哲理的意味。诗的后两句是曲说自己的思情：不写自己的情况，而想象兄弟一起登高；不直说我忆兄弟或兄弟忆我，而用兄弟一起插茱萸时独独少掉我一人，来衬托离情。全诗语言平易，感情深沉，是唐诗中的名篇。

【注释】1．九月九日：中国农历九月九日是重阳节。山东：指华山以东的地区（今山西一带）。2．倍：加倍。3．遥知：料想遥远的对方。4．茱萸：一种有香味的植物。古代风俗，在重阳日登高，并把茱萸插在头上或身上，据说可以祛除病邪。

Thinking of My Brothers On Mountain-Climbing Day

(Tang Dyn.) Wang Wei

Alone, a lonely stranger in a foreign land,
I doubly pine for my kinsfolk on holiday.
I know my brothers would, with dogwood spray in hand,
Climb up the mountain and miss me so far away.

Translated by Xu Yuanchong

鹿柴[1]

（唐）王维

kōng shān bú jiàn rén
空山不见人，

dàn wén rén yǔ xiǎng
但闻人语响。

fǎn jǐng rù shēn lín
返景入深林[2]，

fù zhào qīng tái shàng
复照青苔上。

【赏析】这首诗是王维后期山水诗代表作。先写空山杳无人迹，偶尔传来一阵人语声。人语响过，空山复归衬出全局的、长久的空寂。再写深林本来幽暗，但有一线光亮映照在青苔上。这一抹余晖与无边的幽暗形成强烈的对比；但余晖转瞬逝去，留下的仍是漫长的深林幽暗。前两句以有声反衬空寂，后两句用光亮反衬幽暗。全诗写鹿柴附近的空山深林在傍晚时分的幽静景色，体现出诗、画、乐三结合的特点。

【注释】1．鹿柴：王维在辋川别墅所在地的地名。柴又作"砦"，读"寨"（zhài）。2．返景：景同"影"，落日的返照。

The Deer Enclosure

(Tang Dyn.) Wang Wei

I see no one in mountains deep
But hear a voice in the ravine.
Through the dense wood the sunbeams peep
And are reflect'd on mosses green.

Translated by Xu Yuanchong

相思

（唐）王维

hóng dòu shēng nán guó
红豆生南国[1]，
chūn lái fā jǐ zhī
春来发几枝？
yuàn jūn duō cǎi xié
愿君多采撷[2]，
cǐ wù zuì xiāng sī
此物最相思。

【赏析】这首诗通过红豆这一富于情味的事物表达友情或寄托思恋之情。全诗句句不离红豆，句句关系情思，委婉含蓄，而又明快浅近，是一首流传甚广的好诗。

【注释】1. 红豆：红豆树、海红豆及相思子等植物种子的统称，朱红色，产于南方。古人常用以象征爱情或相思。南国：南方。2. 撷：摘下。

Love Seeds

(Tang Dyn.) Wang Wei

Red berries grow in southern land,
In spring they overload the trees.
Gather them till full is your hand:
They would revive fond memories.

Translated by Xu Yuanchong

送元二使安西[1]

（唐）王维

wèi chéng zhāo yǔ yì qīng chén
渭城朝雨浥轻尘[2]，

kè shè qīng qīng liǔ sè xīn
客舍青青柳色新[3]。

quàn jūn gèng jìn yì bēi jiǔ
劝君更尽一杯酒，

xī chū yáng guān wú gù rén
西出阳关无故人[4]。

【赏析】这首诗写送别友人出使边地安西。前两句点出送别的时间、地点和环境，后两句是送别者的话。全诗有景有情，语言恳挚，深切动人，后来被编入乐府，一题作《渭城曲》，成为最流行、传唱最久的歌曲。又因其末句反复叠唱，故又称《阳关三叠》。

【注释】1.元二：何人不详，仅知其排行为老二。安西：今新疆维吾尔自治区库车附近，唐代安西都护府治所。2.渭城：秦时咸阳，汉代改称渭城，今西安市西北，渭水之北。浥：润湿。3 .客舍：旅舍。4.阳关：故址在今甘肃敦煌县西南；因在玉门关之南，故称阳关。

To Yuan the Second On His Going as an Envoy to Anxi

(Tang Dyn.) Wang Wei

In morning rain the wetted dust does slowly sink,
Before the inn the willows are fresh and green.
Dear friend, drink another cup of wine, do drink,
For beyond the Sunshine Pass no old friend can be seen.

Translated by Wang Jianzhong

出塞[1]

（唐）王昌龄

qín shí míng yuè hàn shí guān
秦时明月汉时关，

wàn lǐ cháng zhēng rén wèi huán
万里长征人未还[2]。

dàn shǐ lóng chéng fēi jiàng zài
但使龙城飞将在[3]，

bú jiào hú mǎ dù yīn shān
不教胡马度阴山[4]。

【赏析】王昌龄（Wáng Chānglíng，约698—约756），字少伯，京兆长安（今陕西西安）人，一作太原人，是唐代开元年间的著名诗人。他的七绝写得最好，可与李白媲美。这首诗就称得上是唐诗中的佳品。本诗写戍守边疆的战士仰看明月和关塞，想起自古以来，在边疆上发生过无数次战争，牺牲了许多英勇卫国的战士。现在守卫在边疆的战士，也因为战事不断而没有归期，因而急切盼望着能有一位像汉代李广那样机智勇敢的将军，率领他们击退敌人的侵犯，尽早结束战争，保证国家边境的安宁。全诗不仅从反面指责了当时守边将领们的庸懦无能，也反映出战士们爱国抗敌和向往和平的心情。

【注释】1.出塞：乐府旧题。古代军歌的一种名称。塞：边界。2.秦时二句意思是秦汉以来设关防范匈奴入侵，明月临关的景象代代如此，但边患仍不止息。3.龙城飞将：威震龙城的飞将军，指汉代的李广。龙城：卢龙城，在今河北省，汉代右北平郡所在地。4.教：使。胡马：胡人的骑兵，指敌军。阴山：横亘于今内蒙古自治区中部与内兴安岭相接的山脉。

On the Frontier

(Tang Dyn.) Wang Changling

The age-old moon still shines o'er the ancient Great Wall,
But our frontier guardsmen have not come back at all.
Were the winged general of Dragon City here,
The Tartar steeds would not dare to cross the frontier.

Translated by Xu Yuanchong

芙蓉楼送辛渐[1]

（唐）王昌龄

hán yǔ lián jiāng yè rù wú
寒雨连江夜入吴[2]，
píng míng sòng kè chǔ shān gū
平明送客楚山孤。
luò yáng qīn yǒu rú xiāng wèn
洛阳亲友如相问，
yí piàn bīng xīn zài yù hú
一片冰心在玉壶[3]。

【赏析】这首诗写诗人在寒雨中乘江船来到吴地，已是夜晚了。第二天清早在孤独的楚山下，送友人远行。他请友人捎话：洛阳的亲友如果问起我，请告诉他们，我的心正像玉壶里的一片冰一样。全诗构思精巧，余韵无穷。最后一句用玉壶里的冰来比喻自己高洁清白的品格，更使人感到意境深远，耐人寻味。

【注释】1.芙蓉楼：在今江苏镇江市，是当时面临长江的北门城楼。辛渐：王昌龄的朋友。2.吴：即吴地，现江浙一带。3.一片句语出鲍照诗句"清如玉壶冰"，喻高洁清白的品格，或喻为官廉洁清正。

Seeing Xin Jian Off at Hibiscus Tower

(Tang Dyn.) Wang Changling

In the night rain along the rolling stream I came to Wu,
And see my friend in dawn leave the lonely hill of Chu.
My friend, when folks in Luoyang inquire, let it be said,
My heart is as clear as crystal ice in the jar of jade.

Translated by Wang Jianzhong

静夜思

（唐）李白

chuáng qián míng yuè guāng
床前明月光，
yí shì dì shàng shuāng
疑是地上霜。
jǔ tóu wàng míng yuè
举头望明月，
dī tóu sī gù xiāng
低头思故乡。

【赏析】李白（Lǐ Bái，701—762），字太白，号青莲居士，祖籍陇西成纪（今甘肃秦安东）。唐代伟大的浪漫主义诗人。他的诗题材广泛，内容丰富，风格豪放飘逸，想象奇特，色彩鲜明，音调高昂，语言朴素自然，艺术上有特殊成就。这首诗写诗人在明月如霜的秋夜，因思念故乡，深夜不寐，而迷离恍惚的心情。全诗用极其浅近的语言，抒写了深沉的思乡之情。生命的感悟通过物象自然流露，是诗歌的绝高境界。

A Tranquil Night

(Tang Dyn.) Li Bai

Before my bed a pool of light,
Is it hoarfrost upon the ground?
Eyes raised, I see the moon so bright;
Head bent, in homesickness I'm drowned.

Translated by Xu Yuanchong

秋浦歌[1]（其十五）

（唐）李白

bái fà sān qiān zhàng
白发三千丈，

yuán chóu sì gè cháng
缘愁似个长[2]。

bù zhī míng jìng lǐ
不知明镜里，

hé chù dé qiū shuāng
何处得秋霜[3]。

【赏析】李白写这首诗的时候已五十多岁了，壮志未酬，人已衰老；揽镜自照，更觉触目惊心，因而用“白发三千丈”的夸张手法，宣泄自己的怨愤之情，抒发诗人心中的不平。

【注释】1.秋浦：地名。今安徽贵池县西南。那里有秋浦河。秋浦歌是作者在秋浦时作的诗，共十七首。2.缘：因为。个：这样。3.秋霜：喻白发。

Song of Qiupu

(The Fifteenth of Seventeen Poems)
(Tang Dyn.) Li Bai

Long and long grows my white hair,
For in my heart abides an endless care.
When a glance into the mirror I cast,
I wonder from whence comes autumn frost.

Translated by Wang Jianzhong

黄鹤楼送孟浩然之广陵[1]

（唐）李白

gù rén xī cí huáng hè lóu
故人西辞黄鹤楼[2]，

yān huā sān yuè xià yáng zhōu
烟花三月下扬州[3]。

gū fān yuǎn yǐng bì kōng jìn
孤帆远影碧空尽[4]，

wéi jiàn cháng jiāng tiān jì liú
惟见长江天际流[5]。

【赏析】这首诗写两位大诗人的离别之情。因为他们所处的时代是繁荣的盛唐，又是从著名的黄鹤楼到烟花如锦的扬州，所以这首离别诗，不但没有伤感的情绪，反而充满了令人神驰的诗情画意。诗的大意是：春光灿烂，知心朋友扬帆起程，诗人站在楼上，凝望孤帆渐渐远去，直到它完全隐没在青天绿水之中。最后只见滚滚江水流向天边，诗人的感情也随着江流而起伏。最后两句在迷人的景观中，寄托着诗人对朋友的深厚而炽热之情。

【注释】1.黄鹤楼：著名江南楼阁，在今湖北武汉市。广陵：今江苏扬州市。2.西辞：因黄鹤楼在广陵之西，所以说西辞。3.烟花：指春天浓丽的景色。4.碧空尽：消失在蓝色的天空中。5.惟见：只见。天际：天边。

Seeing Meng Haoran Off at Yellow Crane Tower

(Tang Dyn.) Li Bai

My friend has left the west where towers Yellow Crane
For River Town when willow-down and flowers reign.
His lessening sail is lost in the boundless azure sky,
Where I see but the endless River rolling by.

Translated by Xu Yuanchong

望庐山瀑布[1]

（唐）李白

rì zhào xiāng lú shēng zǐ yān
日照香炉生紫烟[2]，
yáo kān pù bù guà qián chuān
遥看瀑布挂前川[3]。
fēi liú zhí xià sān qiān chǐ
飞流直下三千尺[4]，
yí shì yín hé luò jiǔ tiān
疑是银河落九天[5]。

【赏析】这首诗写庐山香炉峰升起冉冉白烟，缥渺于青山蓝天之间，但在红日照射下有时变成一片紫色的烟雾。一道瀑布像一条巨大的白练高挂于山川之间，银光闪闪，气势磅礴，与紫烟相映生辉，使人目眩神夺，几乎怀疑是天上的银河泻落下来。全诗运用新奇的夸张和联想，反差强烈的鲜艳色彩，描绘了庐山瀑布的壮观。

【注释】1.庐山：中国名胜，在今江西九江市南。2.香炉：香炉峰，庐山西北部一座高峰。3.看：读平声kān才合律。挂前川：挂在前面山川上。4.三千尺：形容瀑布之高，并非实指。5.九天：中国古代传说天有九重，九天是最高的一层。

Viewing the Waterfall at Mt. Lushan

(Tang Dyn.) Li Bai

When the sunlit Censer rises up in purple smoke,
From afar the waterfall above the stream I view,
I see it rushing down for three thousant feet,
Like the galaxy tumbling from the empyrean blue.

Translated by Wang Jianzhong

早发白帝城[1]

（唐）李白

zhāo cí bái dì cǎi yún jiān
朝辞白帝彩云间[2]，
qiān lǐ jiāng líng yí rì huán
千里江陵一日还[3]。
liǎng àn yuán shēng tí bú zhù
两岸猿声啼不住，
qīng zhōu yǐ guò wàn chóng shān
轻舟已过万重山。

【赏析】唐肃宗乾元二年（759）春天，李白因肃宗的兄弟永王李璘叛乱案的牵累，被流放夜郎，取道四川赴贬地。行至白帝城，忽闻赦书，惊喜交加，立即乘舟下江陵。这首诗写诗人当时喜悦畅快的心情。全诗写诗人早晨告别地势高峻的白帝城，晚上就到了千里以外的江陵，一个“还”字，仿佛是回乡一样。春天水涨，江浪滚滚，顺流而下，船行若飞，在两岸“啼不住”的猿声中，越过万重山峦，一个“轻”字，表达出诗人的喜悦心情和豪迈壮志。

【注释】1.发：出发。白帝城：故城在今四川奉节县东白帝山上。2.朝辞：早上辞别。彩云间：白帝山很高，耸立在色彩缤纷的朝霞里。3.江陵：今湖北江陵县，与白帝城相距约一千二百里，中间要经过形势险要的三峡。

Leaving the White Emperor Town for Jiangling

(Tang Dyn.) Li Bai

Leaving at dawn the White Emperor crowned with cloud,
I've sailed a thousand li through Canyons in a day.
With the monkeys' adieus the riverbanks are loud,
My skiff has left ten thousand mountains far away.

Translated by Xu Yuanchong

凉州词

（唐）王翰

pú tao měi jiǔ yè guāng bēi
葡萄美酒夜光杯[1]，

yù yǐn pí pa mǎ shàng cuī
欲饮琵琶马上催[2]。

zuì wò shā cháng jūn mò xiào
醉卧沙场君莫笑[3]，

gǔ lái zhēng zhàn jǐ rén huí
古来征战几人回？

【赏析】 王翰(Wáng Hàn)，翰一作澣，字子羽。晋阳（今山西太原）人，恃才不羁，行为狂放。这首诗写边塞将士战罢回营，设酒庆贺的场面。意思是将士们举起酒杯痛饮，军乐琵琶也奏起来了，酒酣兴浓。既描写了边地将士们的豪爽和旷达，也抒发了征人难归的感慨。全诗语言明快，节奏跳宕。

【注释】 1.夜光杯：这里指精致的酒杯。2.催：催饮。3.沙场：战场。此处为合古诗的平仄，将“场”读为 cháng。

Song of Liangzhou

(Tang Dyn.) Wang Han

The crystal cups glisten with sweetened wine,
Greeting with pipa tunes the warriors home from horseback.
Laugh not at them lying drunk on the battlefields,
Since ancient times how many have ever come back?

Translated by Wang Jianzhong

营州歌[1]

（唐）高适

yíng zhōu shào nián yàn yuán yě
营州少年厌原野[2]，
hú qiú méng róng liè chéng xià
狐裘蒙茸猎城下[3]。
lǔ jiǔ qiān zhōng bú zhì rén
虏酒千钟不醉人[4]，
hú ér shí suì néng qí mǎ
胡儿十岁能骑马。

【赏析】高适（Gāo Shì，702?—765），字达夫，渤海蓨（今河北景县南，“蓨”读tiáo）人。边塞诗与岑参齐名。这首诗写出中国东北地区少数民族青年的精神风貌，赞美他们自幼奔驰原野，从事游猎，富有豪迈尚武的精神。

【注释】1.营州：唐代东北重镇，开元后设平卢节度使，统辖今河北省长城以北及辽河以东一带，是汉族与契丹族杂居的地方。2.厌：同“餍”，饱。这里意思是饱经、熟悉、习惯于。3.蒙茸：即“蒙戎”，纷乱的样子。4.虏酒句是说东北少数民族的酒薄，虽饮千杯也不醉人。同时也表现出营州少年的豪爽气概。

Song of Yingzhou

(Tang Dyn.) Gao Shi

Yingzhou boys are no strangers to open country,
In furs they run wild and hunt near the city.
A thousand cups of wine won't make them drunk,
The Tartar kids can gallop on horseback at ten.

Translated by Wang Jianzhong

逢雪宿芙蓉山主人[1]

（唐）刘长卿

rì mù cāng shān yuǎn
日暮苍山远，

tiān hán bái wū pín
天寒白屋贫[2]。

chái mén wén quǎn fèi
柴门闻犬吠，

fēng xuě yè guī rén
风雪夜归人。

【赏析】 刘长卿（**Liú Chángqīng**，?—790左右），字文房，河间（今属河北省）人，是唐代深受王维、孟浩然影响的诗人。诗多写政治失意之感，也有反映离乱之作，善于描写自然景物。这首诗写诗人在雪夜投宿山村的情景。首句写诗人在山路上行进的感受，点明时间；次句写诗人投宿山村人家后所见，点明地点。后两句写诗人在风雪之夜寄居山村所闻，用犬吠人归的声响反衬万籁俱寂的山村。每句诗都构成一个画面，每个画面又彼此相连。"风雪夜归人"是唐诗中的佳句。

【注释】 1.芙蓉山：山名。主人：指所投宿的人家。2.白屋：穷苦人家的住所，房顶用白茅覆盖。

Staying at Mt. Hibiscus on a Snowy Night

(Tang Dyn.) Liu Changqing

The mountains lurk afar in dim twilight,
The shabby hut stands under the chilly sky.
I hear by the wattle gate a dog loudly cry,
The master has returned in the snow of night.

Translated by Wang Jianzhong

绝句

（唐）杜甫

liǎng ge huáng lí míng cuì liǔ
两个黄鹂鸣翠柳[1]，
yì háng bái lù shàng qīng tiān
一行白鹭上青天。
chuāng hán xī lǐng qiān qiū xuě
窗含西岭千秋雪[2]，
mén bó dōng wú wàn lǐ chuán
门泊东吴万里船[3]。

【赏析】 杜甫（Dù Fǔ，712—770），字子美，诗中常自称少陵野老。原籍襄阳（今属湖北襄樊），生于巩县（今属河南）。他是唐代伟大的现实主义诗人，和李白齐名，代表着唐代诗歌的两大高峰。由于杜甫的诗深刻反映了当时的社会矛盾，表达了人民的某些呼声，因而被人们称作"诗圣"，他的诗被视为"诗史"。这首诗是杜甫客居四川成都时，写他的居地草堂附近的景色。近听，有黄莺双双在柳技上啼唱；远看，一行白鹭正飞向蓝天。西边是巍峨积雪的岷山；门前停泊着来自万里外的东吴船只。画面真切动人，景色优美壮阔。

【注释】 1.黄鹂：黄莺。2.窗含：从窗子里可以看到的意思。西岭：指成都西面的岷山。千秋雪：千年的积雪。3.东吴：三国时孙权建国称吴，也称东吴，这里泛指长江下游，江、浙一带。万里：泛指成都到东吴的路程。

A Quatrain

(Tang Dyn.) Du Fu

A pair of golden orioles twitter in the greenish willow,
A line of white herons flutter up on their sky-bound way.
The window frames the western mountain's thousand-year snow,
By the door moor ships from Eastern Wu ten thousand li away.

Translated by Wang Jianzhong

江畔独步寻花[1]

（唐）杜甫

huáng sì niáng jiā huā mǎn xī
黄四娘家花满蹊[2]，
qiān duǒ wàn duǒ yā zhī dī
千朵万朵压枝低。
liú lián xì dié shí shí wǔ
留连戏蝶时时舞[3]，
zì zài jiāo yīng qià qià tí
自在娇莺恰恰啼。

【赏析】这首诗写诗人在江畔黄四娘家赏春：百花齐放，蝴蝶飞舞，黄莺啼鸣，使人留连忘返，乐不可支。全诗声调和谐，气氛活跃，读来令人陶醉。

【注释】1.江畔：江边。独步：独自散步。2.黄四娘：杜甫居住成都时的邻居。蹊：小路。3.留连：舍不得离开的样子。戏蝶：在游戏的蝴蝶。

Walking Alone by the Riverside for Flowers

(Tang Dyn.) Du Fu

In the garden of Lady Huang the Fourth the flowers glow,
Along the paths in numberless clusters bending the branches low,
Where butterflies joyfully dance and lingeringly stay,
And carefree orioles sing aloud a most delightful lay.

Translated by Wang Jianzhong

绝句二首（其一）

（唐）杜甫

chí rì jiāng shān lì
迟日江山丽[1]，

chūn fēng huā cǎo xiāng
春风花草香。

ní róng fēi yàn zi
泥融飞燕子，

shā nuǎn shuì yuān yāng
沙暖睡鸳鸯。

【赏析】这是一首描写绚丽春色的小诗，既有概括描写：阳光灿烂，暖风和煦，百花芳香，也有特写镜头：一则是泥融土湿，秋去春归的燕子正衔泥筑巢，飞来飞去；一则是日丽沙暖，鸳鸯在溪边的沙洲上静睡不动。全诗远近相间，动静结合，写出了生机勃勃的烂漫春光。

【注释】1.迟日：春天的太阳。

A Quatrain

(One of the Pair)
(Tang Dyn.) Du Fu

The landscapes are charming in the sun of spring,
The flowers and grass in vernal breeze breathe balm.
When thaws the mud, the swallows rise on the wing;
On the warm sands the mandarin ducks sleep in calm.

Translated by Wang Jianzhong

春望

（唐）杜甫

guó pò shān hé zài
国破山河在，
chéng chūn cǎo mù shēn
城春草木深[1]。
gǎn shí huā jiàn lèi
感时花溅泪，
hèn bié niǎo jīng xīn
恨别鸟惊心[2]。
fēng huǒ lián sān yuè
烽火连三月[3]，
jiā shū dǐ wàn jīn
家书抵万金[4]。
bái tóu sān gèng duǎn
白头搔更短[5]，
hún yù bú shèng zān
浑欲不胜簪[6]。

【赏析】这是一首忧国思家的五言律诗。前四句写诗人被叛军拘禁长安时所见春城破败的荒凉景象，后四句写诗人心系家人的思念之情。全诗真切地表达了杜甫热爱祖国、热爱亲人的高尚品德。

【注释】1.国破二句，是杜甫在唐肃宗至德二年（757），住在沦陷的长安的第二年春天所见的景象。2.感时二句，感伤国事，见花开反而使人流泪；恨与家人久别，闻鸟鸣反而使人惊心。3.烽火句，形容战火不断，绵延了很久。4.抵：值。5.白头：白发。搔：抓挠。6.浑：简直。簪：首饰，束发于头顶时，用簪横插住，防止散开。不胜簪：是说白发稀疏，不能插发簪了。

A View of Spring

(Tang Dyn.) Du Fu

The nation is broken, the landscapes sadden the eye,
The city in spring is grown with grasses thick and deep.
The blossoms in these hard times make my heart weep,
The songs of birds give me a start to think of my family.
For three long months the battle flames not a moment cease,
A letter home costs ten thousand coins of gold so dear.
The more I scratch, the thinner grows the white hair,
Which can scarcely afford a place to fix a pinning piece.

Translated by Wang Jianzhong

江南逢李龟年[1]

（唐）杜甫

qí wáng zhái lǐ xún cháng jiàn
岐王宅里寻常见[2]，

cuī jiǔ táng qián jǐ dù wén
崔九堂前几度闻[3]。

zhèng shì jiāng nán hǎo fēng jǐng
正是江南好风景，

luò huā shí jié yòu féng jūn
落花时节又逢君。

【赏析】这首诗，写唐代两位流落异乡的著名艺术家在落花时节意外重逢于江南，曲折地反映出国家的治乱兴衰和个人的升沉哀乐。前两句写过去之盛，后两句写今日之衰。在看似平淡的诗句中寄托着作者深沉的感慨。

【注释】1.江南：这里指今湖南省长江、湘水一带地区。李龟年：当时著名的歌唱家，安史之乱前，深受唐玄宗宠爱；安史之乱后，流落江南。大历五年（770）杜甫在长沙和他重逢。2.岐王：唐玄宗弟李范。3.崔九：殿中监崔涤。杜甫少年时代在洛阳，以其出众的才华受到名流的重视，因此常在岐王府、崔九堂前，欣赏李龟年的歌唱。

Coming Across Li Guinian on the Southern Shore

(Tang Dyn.) Du Fu

At the palatial residence we often met;
In Courtier's Hall for many times I heard you sing.
The southern scenery is now to forget,
But I meet you again when flowers part with spring.

Translated by Xu Yuanchong

登高[1]

（唐）杜甫

fēng jí tiān gāo yuán xiāo āi
风急天高猿啸哀，

zhǔ qīng shā bái niǎo fēi huí
渚清沙白鸟飞回[2]。

wú biān luò mù xiāo xiāo xià
无边落木萧萧下[3]，

bú jìn cháng jiāng gǔn gǔn lái
不尽长江滚滚来。

wàn lǐ bēi qiū cháng zuò kè
万里悲秋常作客，

bǎi nián duō bìng dú dēng tái
百年多病独登台[4]。

jiān nán kǔ hèn fán shuāng bìn
艰难苦恨繁霜鬓[5]，

liáo dǎo xīn tíng zhuó jiǔ bēi
潦倒新停浊酒杯[6]。

【赏析】这首诗写诗人登高所见秋江景色，并借景寓情，倾诉自己常年漂泊、老病多愁的感慨。前四句是写景，后四句是抒情。景情互为映衬，悲秋之慨一脉贯注，且句句对仗，自然妥贴，毫无琢刻求工的痕迹，被称为古今七律中的第一首。

【注释】1.登高：约写于大历二年（767）秋，当时杜甫在夔(**kuí**)州(今重庆奉节)。2.渚：水中小洲。3.落木：落叶。4.百年：指人的一生。5.繁：多。霜鬓：头发白。艰难句意思是生活艰难，徒恨白发增多。6.潦倒句的意思是穷愁潦倒，最近连酒也停喝了。当时杜甫因患肺病而戒酒。

Climbing the Height

(Tang Dyn.) Du Fu

The wind so swift, the sky so steep, sad gibbons cry;
Water so clear and sand so white, backward birds fly.
The boundless forest sheds its leaves shower by shower;
The endless River rolls its waves hour after hour.
Far from home in autumn, I'm grieved to see my plight;
After my long illness, I climb alone this height.
Living in hard times, at my frosted hair I pine;
Pressed by poverty, I give up my cup of wine.

Translated by Xu Yuanchong

逢入京使

（唐）岑参

gù yuán dōng wàng lù màn màn
故园东望路漫漫[1]，

shuāng xiù lóng zhōng lèi bù gān
双袖龙钟泪不干[2]。

mǎ shàng xiāng féng wú zhǐ bǐ
马上相逢无纸笔，

píng jūn chuán yǔ bào píng ān
凭君传语报平安。

【赏析】 岑参（Cén Shēn，约715—770）南阳（今属河南省）人，是唐代边塞诗派的杰出代表。这首诗写诗人赴边塞途中，遇见回京述职的旧相识，就托他捎个口信，给居住在长安的亲属报个平安。全诗信口写来，语言平易，感情真挚，充分表达了诗人无限眷念长安亲人的深情。

【注释】 1. 故园：这里指在长安的自己的家。2. 龙钟：这里有淋漓沾湿的意思。

On Meeting a Messenger Going to the Capital

(Tang Dyn.) Cen Shen

I look east to homeland, long, long the road appears,
My old arms tremble and my sleeves are wet with tears.
Meeting you on horseback, with what brush can I write?
I can but ask you to tell them I am all right.

Translated by Xu Yuanchong

寒食[1]

（唐）韩翃

chūn chéng wú chù bù fēi huā
春城无处不飞花，
hán shí dōng fēng yù liǔ xiá
寒食东风御柳斜[2]。
rì mù hàn gōng chuán là zhú
日暮汉宫传蜡烛[3]，
qīng yān sàn rù wǔ hóu jiā
轻烟散入五侯家[4]。

【赏析】 韩翃（Hán Hóng），字君平，南阳（今属河南）人，是唐玄宗天宝末年的进士，唐德宗时担任起草诏书的工作。这首诗描写唐代京都长安寒食节的春天景物。前两句概括充满春意的皇城风光，后两句专写皇帝和贵族们的传统特权。按唐代习俗，每逢寒食节，普天下一律禁火，除非得到皇帝许可，才能例外。诗的后两句写家家禁火时，只有皇宫中的蜡烛，被逐个送入宠臣贵族之家。因此，这首诗的政治讽刺意味也很明显。

【注释】 1.寒食：节令名。每年清明前一日。这一天大家都不烧火，只吃冷菜冷饭，叫做寒食，又名禁火或禁烟。据说这种风俗起源于纪念春秋时一位晋国隐士介之推。2.御柳：指宫廷周围的柳树。斜：古时读xiá。3.汉宫：即唐代宫廷。以汉喻唐是唐代诗人的习惯。传：表明挨家挨户地赏赐。蜡烛：用以燃火。传蜡烛：指皇帝指令使臣，清明日取榆柳之火以赐近臣。4.五侯：史称东汉外戚梁冀等五人为"梁氏五侯"。亦称东汉桓帝宦官单超等五人为"五侯"。这里是讽刺唐朝最高统治者皇帝，连赐火这样一件小事，也只给予皇帝周围的宠臣。

On the Cold Meal Day

(Tang Dyn.) Han Hong

Everywhere in the city flew wild the catkin,
On Cold Meal Day in eastern winds the willows leant aslant.
Towards eventide the candles from the Court were sent
With curling smoke unto the five most favoured royal kin.

Translated by Wang Jianzhong

滁州西涧[1]

（唐）韦应物

dú lián yōu cǎo jiàn biān shēng
独怜幽草涧边生[2]，

shàng yǒu huáng lí shēn shù míng
上有黄鹂深树鸣[3]。

chūn cháo dài yǔ wǎn lái jí
春潮带雨晚来急[4]，

yě dù wú rén zhōu zì héng
野渡无人舟自横[5]。

【赏析】韦应物（Wěi Yīngwù，737—约792），京兆长安（今陕西西安）人。中唐诗人，做过苏州刺史。他主张改革政治但又无能为力。他的诗中常流露出关心民间疾苦的情绪，但更多的是山水田园之作。这是一首山水诗名篇，写于诗人出任滁州刺史期间。前两句是春游西涧赏景，写诗人在春天景物中，独爱涧边寂寞的小草，而无意于树上鸣叫的黄莺。后两句写春雨晚潮，水势更急，荒郊渡口，空无一人，只见没有系住的船，横在急水中。全诗以情写景，借景抒情，既描写了客观景物，又寄托了"扁舟不系与心同"的思想，表示自己意欲摆脱凡俗，追求道家清静自然的高雅情趣。

【注释】1.滁（chú）州：地名，今安徽滁县。西涧在滁州城西郊。2.怜：即爱的意思。独怜：特别爱怜。3.深树鸣：在枝叶茂盛的树木深处鸣叫。4.春潮句意为春天潮水本来就在涨，一下雨，潮水涨得更急了。5.野渡句意为在那荒野的渡口，没人渡河，所以没有系住的船也悠闲地独自横在水面上。

On the West Stream at Chuzhou

(Tang Dyn.) Wei Yingwu

Alone I like the riverside where green grass grows
And golden orioles sing amid the leafy trees.
With spring showers at dusk the river overflows,
A lonely boat athwart the ferry floats at ease.

Translated by Xu Yuanchong

（唐）张继

枫桥夜泊[1]

yuè luò wū tí shuāng mǎn tiān
月落乌啼霜满天[2]，

jiāng fēng yú huǒ duì chóu mián
江枫渔火对愁眠[3]。

gū sū chéng wài hán shān sì
姑苏城外寒山寺[4]，

yè bàn zhōng shēng dào kè chuán
夜半钟声到客船。

【赏析】 张继(Zhāng Jì)，字懿孙，襄州（今湖北襄樊附近）人。公元753年考中进士。《全唐诗》存其诗四十余首，诗风清迥。这首诗描写秋夜江边的幽美风景和作者应考落榜后的寂寞心情，前两句写出寒夜舟中旅客含愁不眠的景象，后两句写夜半人静，钟声显得更加响亮。悠扬的钟声不仅反衬了秋夜江边的幽静，而且更增添了羁旅者的愁思。

【注释】 1.枫桥：在今江苏省苏州市阊门外。夜泊：夜里把船停泊在岸边。2.乌啼：乌鸦啼叫。3.江枫：江边枫树。渔火：渔船上的灯火。愁眠：指自己怀着旅客的愁思睡在船上。4.姑苏：苏州市西南有姑苏山，因此苏州也称为姑苏城。寒山寺：在苏州西面，枫桥附近。

Mooring at Night by Maple Bridge

(Tang Dyn.) Zhang Ji

The moon goes down, crows cry under the frosty sky,
Dimly-lit fishing boats 'neath maples sadly lie.
Beyond the Gusu Walls the Temple of Cold Hill
Rings bells which reach my boat, breaking the midnight still.

Translated by Xu Yuanchong

游子吟[1]

（唐）孟郊

cí mǔ shǒu zhōng xiàn
慈母手中线，
yóu zǐ shēn shàng yī
游子身上衣。
lín xíng mì mì féng
临行密密缝，
yì kǒng chí chí guī
意恐迟迟归[2]。
shuí yán cùn cǎo xīn
谁言寸草心[3]，
bào dé sān chūn huī
报得三春晖[4]。

【赏析】孟郊（Mèng Jiāo，751—814）字东野，湖州武康（今浙江德清县）人，是唐代著名的苦吟诗人，一生穷困潦倒，直到五十岁时才得到一个溧阳县尉的小官。他作诗态度严肃，用字造句力避平庸浅率，在当时诗坛称得上是一位别开蹊径和独具风格的诗人。这首诗吸取民歌优点，用白描的手法和通俗的语言描写母亲对儿女无微不至的关怀。开头两句就从人到物，突出了两件最普通的东西——线和衣，写出了母子相依为命的骨肉之情。三四句具体描写慈母爱子之心，针针线线缝进了老人盼儿早些平安归来的深情。最后两句，通过阳光养育小草的形象比喻，说明游子对母亲的深厚慈爱是永远报答不尽的。

Song of a Roamer

(Tang Dyn.) Meng Jiao

The threads in a kind mother's hand,
A gown for her son bound for far-off land,
Sewn stitch by stitch before he leaves
For fear his return be delayed.
Such kindness as young grass receives
From the warm sun can't be repaid.

Translated by Xu Yuanchong

【注释】1.游子：在外作客的人。吟：诗歌的一种名称，与"歌"、"曲"差不多。2.临行二句说母亲恐怕儿子要在外面耽搁很久，所以把衣服缝得密密的，不易穿破。3.寸草：小草。这里用来比喻游子。4.三春晖：春天三月的阳光，这里用来比喻慈母的恩情。谁言二句意为谁说矮矮的小草能报答春天的阳光给它的恩情呢？

江南曲

（唐）李益

jià dé qú táng gǔ
嫁得瞿塘贾[1]，

zhāo zhāo wù qiè qī
朝朝误妾期[2]。

zǎo zhī cháo yǒu xìn
早知潮有信，

jià yú nòng cháo ér
嫁于弄潮儿[3]。

【赏析】李益（Lǐ Yì，748—约829）字君虞，陇西姑臧（今甘肃武威）人，大历进士，官至礼部尚书。其诗音律和美，绝句尤工，为当时乐工所乐于传唱。这是一首闺怨诗，以白描手法写出一位商人妇的心声。唐代商业发达，长年在外经商的人日渐增多，作为商人的妻子不免要抱怨丈夫的无信，使自己过着孤单寂寞的生活。诗的前两句讲嫁给瞿塘商人的少妇抱怨丈夫的无信，这是一个可悲可叹的事实。后两句说这位少妇忽然想到，早知道潮水有信，还不如嫁给弄潮的人。尽管弄潮儿地位低微，生活贫穷，但每次潮涨潮落是准时的，弄潮的人也一定会准时地到来，远比豪富巨商强。全诗风格简朴，大胆真切地表达少妇独守空房的怨愤。

【注释】1.瞿塘：瞿塘峡，长江三峡之一。贾：商人。2.朝朝：天天。误妾期：失信于妻子。3.弄潮儿：吴越间，有弄潮为乐的风俗。每年八月半大潮至，识水性的青年人手持红旗，出没波涛，以旗不湿者为优胜。

A Southern Song

(Tang Dyn.) Li Yi

Since I became a merchant's wife,
I've in his absence passed my life.
A sailor's faithful as the tide,
Would I had been a sailor's bride!

Translated by Xu Yuanchong

春怨

（唐）金昌绪

dǎ qǐ huáng yīng ér
打起黄莺儿，
mò jiào zhī shàng tí
莫教枝上啼[1]。
tí shí jīng qiè mèng
啼时惊妾梦，
bù dé dào liáo xī
不得到辽西[2]。

【赏析】金昌绪(Jīn Chāngxù)，浙江余杭人。《全唐诗》存其诗仅一首。这是一首怨妇诗，语言生动活泼，具有民歌色彩。黄莺儿是春天的候鸟，也是春的象征，它的一声啼叫，意味着春天的来临。可诗中的怨妇却要打走黄莺儿，不让它在枝上唧唧啼叫，怕黄莺儿的叫声会打断她的美梦。原来她要做一个去辽西的美梦，若没有梦到辽西就醒过来，岂不是见不到自己远征在那里的丈夫了。本诗语言精练、形象鲜明，情意真实动人。

【注释】1.莫：不要。打起二句是说：不要黄莺在树上啼叫。2.得：能。辽西：辽河以西，今辽宁西部。是征人出征的地方。

A Complaint in Spring

(Tang Dyn.) Jin Changxu

Drive orioles off the tree
For their songs awake me
From dreaming of my dear
Far off on the frontier!

Translated by Xu Yuanchong

题都城南庄[1]

（唐）崔护

qù nián jīn rì cǐ mén zhōng
去年今日此门中，
rén miàn táo huā xiāng yìng hóng
人面桃花相映红。
rén miàn bù zhī hé chù qù
人面不知何处去，
táo huā yī jiù xiào chūn fēng
桃花依旧笑春风。

【赏析】崔护（Cuī Hù），字殷功，博陵（今河北定县）人，贞元进士，曾做岭南节度使。本诗和一则美丽的爱情故事有关。据说，崔护考进士落选，清明日独游都城南，在庄上一所桃花相映的小屋门口，遇见一位含情脉脉的少女，人面桃花相映，显得更为美丽，他和姑娘相互爱慕之情油然而生。第二年又是桃花盛开之时，崔护思念少女，又到那儿寻找：门墙、桃花依旧，美丽的少女却不知去向了，只有门前盛开的桃花似乎正在春风中笑他的痴情。

【注释】1.都城：指长安。都城南庄：在都城南郊的一个村庄。

At a Village to the South of the Capital

(Tang Dyn.) Cui Hu

This day last year I saw within this door
A rosy face by the side of rosy peach bloom.
Today in the breeze again smiles the peach bloom,
Yet where is gone that face? I see it no more.

Translated by Wang Jianzhong

赋得古原草送别[1]

（唐）白居易

lí lí yuán shàng cǎo
离离原上草[2]，
yí suì yì kū róng
一岁一枯荣[3]。
yě huǒ shāo bú jìn
野火烧不尽，
chūn fēng chuī yòu shēng
春风吹又生[4]。
yuǎn fāng qīn gǔ dào
远芳侵古道[5]，
qíng cuì jiē huāng chéng
晴翠接荒城[6]。
yòu sòng wáng sūn qù
又送王孙去，
qī qī mǎn bié qíng
萋萋满别情[7]。

【赏析】白居易（Bái Jūyì，772—846），字乐天，晚年号香山居士，下邽（guī）（今陕西渭南县）人。中唐时期的大诗人。在文学上他主张"文章合为时而著，诗歌合为事而作"。其诗歌语言通俗易懂。本诗传说是白居易十六岁那年入京应考时所作的命题作文。题目是《古原草》。"赋得"就是要根据指定的题目写诗。前两句写了古原上的野草，春荣秋枯，年年循环不已。三四句作者笔锋一转，造就了一种壮烈的意境，野火虽烈，可以把大片枯草全部烧光；然而一旦春风吹来，野草还会迅猛地重新生长，有着顽强的生命力。因为它能"又生"，所以说是"烧不尽"的。这两句是历来为人们称赞的名句，语言朴实有力，含意深刻，充满人生哲理。五六两句把咏草和送别融合起来扩大了境界，有"天涯何处无芳草"之意，最后写诗人的离情别绪，也正如萋萋野草一样绵延不绝。

【注释】1.赋得：根据指定的题目写诗。这首诗指定的题目是"古原草"，所以全诗就用古原上的野草作为主要内容来表达离情别绪。原：原野。2.离离：长而下垂的样子。离离句意思是野草长满了整个原野。3.荣：茂盛。一

Grass

(Tang Dyn.) Bai Juyi

Wild grasses spreading o'er the plain,
With every season come and go.
Heath fire can't burn them up, again
They rise when the vernal winds blow.
Their fragrance o'erruns the pathway;
Their colour invades the ruined town.
Seeing my friend going away,
My sorrow grows like grass o'ergrown.

Translated by Xu Yuanchong

岁句是说野草每年都枯萎一次又繁茂一次。4 .野火二句说冬天草枯黄了的时候，虽然野火可以把它的茎叶烧掉，但它埋在泥里的根还活着，春风一吹便又长起来了。5 .远芳：伸向远方的一片野草。侵：侵占。侵古道：长满了古道。6.晴翠句意思是：晴天阳光下一片鲜绿色接连着荒城。7.又送二句是用《楚辞：招隐士》"王孙游兮不归，春草生兮萋萋"的典故。王孙：贵族，这里指自己送别的朋友。萋萋：草茂盛的样子。

忆江南

（唐）白居易

jiāng nán hǎo
江南好，
fēng jǐng jiù céng ān
风景旧曾谙[1]。
rì chū jiāng huā hóng shèng huǒ
日出江花红胜火[2]，
chūn lái jiāng shuǐ lǜ rú lán
春来江水绿如蓝[3]，
néng bù yì jiāng nán
能不忆江南[4]？

jiāng nán yì
江南忆，
zuì yì shì háng zhōu
最忆是杭州。
shān sì yuè zhōng xún guì zǐ
山寺月中寻桂子[5]，
jùn tíng zhěn shàng kàn cháo tóu
郡亭枕上看潮头[6]，
hé rì dé chóng yóu
何日得重游[7]？

【赏析】白居易曾在江南名城杭州、苏州两地做过地方官。这首诗是他67岁时回到北方后作成，共三首，选一、二首。第一首写江南春景，以作者亲身体会，写出了江南明媚的春光。三四句把江花与江水联系起来，“红胜火”与“绿如蓝”相互映衬，以绚丽鲜艳的色彩对比，有力地说明了作者不能不“忆江南”的理由。第二首写杭州——是最叫人留恋的地方。三四句写出了“最忆是杭州”的原因。如果说“山寺月中寻桂子”，描写天竺寺里秋月朗照，诗人徘徊月下，寻找那从月亮上落下来的桂花，是传说中的故事的话，那么第四句的“郡亭枕上看潮头”却是现实中的胜景。看来，“浙江潮”和“月中桂”这杭州景物中最有代表性的东西，已经在诗人的心中留下最深刻的印象。最后发出了何时才能重游的感叹，寄托了诗人希望能把记忆变为现实的美好愿望。

Nostalgia for the Southern Clime

(Tang Dyn.) Bai Juyi

So fair is the southern clime,
Whose pretty scenes well did I know:
The sunrise dyes blossoms redder than fiery glow,
In springtime the waters as blue as sapphires flow,
How can my heart not yearn for the southern clime?

I ever remember the southern clime,
Yet dearest is Hangzhou in my mind:
I walked in the monastery the osmanthus to find,
And viewed the tides in the bower, on the pillow reclined.
But when could I visit again the southern clime?

Translated by Wang Jianzhong

【注释】1.谙：熟悉。风景句说自己过去曾经熟悉江南的风景。2.红胜火：颜色红得胜过火。日出句说在阳光照耀下，江边的花比火还要红艳。3.蓝：用蓝草制成的颜料，也叫靛青。春来句说春天江中的水绿得像靛青一样美。4.能不忆：怎么能够不忆。5.山寺：指天竺寺。桂子：桂花。6.郡亭：指杭州的亭子。潮头：指钱江潮。7.何日句一作“何日更重游”。

锄禾[1]

（唐）李绅

chú hé rì dāng wǔ
锄禾日当午[2]，
hàn dī hé xià tǔ
汗滴禾下土[3]。
shuí zhī pán zhōng cān
谁知盘中餐[4]，
lì lì jiē xīn kǔ
粒粒皆辛苦。

【赏析】李绅（Lǐ Shēn，772—846）祖籍亳州谯（qiáo）县（今安徽亳县），少随父仕江南，遂寓居无锡（现属江苏省）。中唐新乐府运动的倡导者之一。与元稹、白居易交往甚密。作有《乐府新题》二十首，已失传。这首诗说明粮食来之不易。诗歌概括了农民不避严寒酷暑、雨雪风霜，终年辛勤劳动的生活。通过简洁、生动、形象的语言，说明了必须珍惜劳动果实这个道理。

【注释】1.禾：禾苗。锄禾：在田里给禾苗锄草。2.日当午：太阳正在正中的时候，指中午，是一天中最热的时候。3.锄禾二句说中午的太阳晒得火辣辣的，锄草人的汗珠滴在禾苗下的泥土里。4.餐：指饭。

Weeding

(Tang Dyn.) Li Shen

At noontide the peasants weed the fields of crops,
Their sweats fall into the soil in endless drops.
Each grain in the bowl from hard labour grows,
Yet this bitter truth who ever knows?

Translated by Wang Jianzhong

竹枝词

（唐）刘禹锡

yán liǔ qīng qīng jiāng shuǐ píng
杨柳青青江水平[1]，
wén láng jiāng shàng chàng gē shēng
闻郎江上唱歌声。
dōng biān rì chū xī biān yǔ
东边日出西边雨[2]，
dào shì wú qíng què yǒu qíng
道是无晴却有晴[3]。

【赏析】刘禹锡（Liú Yǔxī，772—842）字梦得，洛阳（今属河南）人。所作《竹枝词》、《柳枝词》等富有民歌特色，在唐诗中别开生面。《竹枝词》是巴渝（今四川东部重庆一带）民歌。这首诗摹拟民间情歌的表现形式，写一位沉浸在初恋中的少女的心情。她恋着对方却不能确实知道对方的态度，因此既抱有希望又带有疑虑，既欢喜又担忧。全诗以第一人称的写法，成功地表达了这位初恋少女的微妙复杂的心态；而谐音双关手法的运用更是本诗被广大读者所乐于诵读的原因。

【注释】1.杨柳句写景，江边垂柳青青，江水平如镜面。2.俗话说，春夏雨，隔爿（pán）田，即东边太阳很大，西面却在下雨。东边句是讲少女所恋的人就像那天气一样捉摸不透。3.道是句讲少女所爱的人，今天唱着歌从江边走来，似乎对自己是有意思的，就像天气一样原以为无晴，却还是有晴的。这里“晴”与“情”是巧妙的谐音双关。

Song of Bamboo Fronds

(Tang Dyn.) Liu Yuxi

The willows green by the smooth river grow,
I hear my lover's song along the river flow.
The sun shines in the east, the west with rain is dim;
Though rain seems to hover, yet appears a sunny beam.

Translated by Wang Jianzhong

乌衣巷[1]

（唐）刘禹锡

zhū què qiáo biān yě cǎo huā
朱雀桥边野草花[2]，
wū yī xiàng kǒu xī yáng xiá
乌衣巷口夕阳斜[3]。
jiù shí wáng xiè táng qián yàn
旧时王谢堂前燕[4]，
fēi rù xún cháng bǎi xìng jiā
飞入寻常百姓家[5]。

【赏析】《乌衣巷》是刘禹锡最得意的怀古名篇之一。白居易读后有"掉头苦吟，叹赏良久"之感。前两句写如今乌衣巷的荒凉衰败景象，后两句由今日的荒凉想到从前王导、谢安等人住在这里时的繁荣景象。再从燕子飞入寻常百姓家，说明乌衣巷面貌的巨大变化。本诗通过对自然景物的描绘，突出了今昔对比，抒发了作者抚今伤古的感慨之情。

【注释】1.乌衣巷：在今南京市东南。秦淮河南面，离朱雀桥很近。这首诗是刘禹锡咏金陵（现南京）五处古迹的《金陵五题》中的一首。2.朱雀桥：在今南京市东南，横跨秦淮河，是通往乌衣巷的必经之路。花：作动词用，即"开花"的意思。3.乌衣句意思是乌衣巷口只有孤零零的一脉斜阳，斜：古时读xiá。4.旧时：从前。王谢：指东晋的王导和谢安两家，是当时很有势力的大贵族，就居住在乌衣巷内。5.寻常：普通。旧时二句是说过去栖息在王谢两家厅堂前的燕子，因为如今高堂大厦没有了，只能飞到普通老百姓家中。

The Street of Mansions

(Tang Dyn.) Liu Yuxi

By the Bridge of Red Birds rank grasses overgrow,
O'er the Street of Mansions the setting sun hangs low.
Swallows which skimmed by painted eaves in bygone days,
Are now dipping among common people's doorways.

Translated by Xu Yuanchong

春雪

（唐）韩愈

xīn nián dōu wèi yǒu fāng huá
新年都未有芳华[1]，
èr yuè chū jīng jiàn cǎo yá
二月初惊见草芽[2]。
bái xuě què xián chūn sè wǎn
白雪却嫌春色晚，
gù chuān tíng shù zuò fēi huā
故穿庭树作飞花[3]。

【赏析】韩愈（Hán Yù，768—824），世称韩昌黎。他与柳宗元都是古文运动的倡导者，其散文被列为"唐宋八大家"之首，与柳宗元并称"韩柳"。他的诗，力求新奇，对宋诗影响颇大。著有《昌黎先生集》。这首《春雪》构思新颖，是韩诗中的佼佼者。前两句说新年都还没有看到芬芳的鲜花，直到二月才见到春草萌芽。后两句用拟人手法写白雪等不及春色的姗姗来迟，竟穿树飞花，自己装点出一派春意。全诗变静态为动态，把冷落的初春写成热闹的仲春，是一篇别开生面的佳作。

【注释】1.华：即花。芳华：芬芳的鲜花。2.初：刚刚。惊：惊讶。二月句意为二月才刚刚见到小草的嫩芽。流露出诗人久盼的春色终于快来了。3.庭：指天井。庭树：院子里的树。白雪二句意为白雪嫌春天来得太晚，故飞飞扬扬落在庭树上，装点春色。

Spring Snow

(Tang Dyn.) Han Yu

The new year as yet has seen no flower fair,
Until the second month brings tender grass into sight.
The Goddess of Snow, impatient of the tardy spring,
Flutters on the trees of the court with blossoms white.

Translated by Wang Jianzhong

江雪

（唐）柳宗元

qiān shān niǎo fēi jué
千山鸟飞绝[1]，
wàn jìng rén zōng miè
万径人踪灭[2]。
gū zhōu suō lì wēng
孤舟蓑笠翁[3]，
dú diào hán jiāng xuě
独钓寒江雪[4]。

【赏析】柳宗元（Liǔ Zōngyuán，773—819），字子厚，河东（今山西永济）人，世称柳河东。因政治斗争中失败，曾被贬为永州（现湖南零陵）司马，后改任柳州刺史。这是柳宗元的代表作之一，大约作于他谪居永州期间。诗中描写的是在大雪纷飞的江面上，停着一条小船，一个穿蓑衣戴笠帽的老渔翁，独自在寒冷的江上钓鱼。这正显示了渔翁的清高与孤独，而渔翁正是作者本人的形象写照。

【注释】1．绝：绝迹。鸟飞绝：是说一只飞鸟也不见。2．径：道路。灭：绝。“绝”和“灭”，暗示飞雪之大。万径句说路上连人影也不见。3．蓑笠翁：身披蓑衣、头戴笠帽的渔翁。4．独钓句意为独自冒着大雪在寒冷的江面上钓鱼。

Fishing in Snow

(Tang Dyn.) Liu Zongyuan

From hill to hill no bird in flight;
From path to path no man in sight.
A straw-cloak'd man in a boat, lo!
Fishing on a river clad in snow.

Translated by Xu Yuanchong

渔翁

（唐）柳宗元

yú wēng yè bàng xī yán sù
渔翁夜傍西岩宿[1]，
xiǎo jí qīng xiāng rán chǔ zhú
晓汲清湘燃楚竹[2]。
yān xiāo rì chū bú jiàn rén
烟销日出不见人[3]，
ǎi nǎi yì shēng shāng shuǐ lǜ
欸乃一声山水绿[4]。
huí kàn tiān jì xià zhōng liú
回看天际下中流[5]，
yán shàng wú xīn yún xiāng zhú
岩上无心云相逐[6]。

【赏析】全诗描写渔翁独来独往、悠闲自得的生活，也流露出诗人的孤寂情怀。

【注释】1.西岩：指永州西山。渔翁句说渔翁夜晚宿在西山上。2.晓：早上。汲清湘：汲取清澈的湘江水。楚：古称湖南一带为楚地。晓汲句说早上起来汲取湘江的水，点燃起楚地的竹。3.烟：朝雾。烟销日出：即朝雾消失，太阳出来。人：指渔翁。4.欸乃：摇橹时发生的橹板击水的声音。5.中流：河流的中央。回看句说渔翁划船到中流，回过头来再看山岩上缭绕的白云。6.岩上句意为缭绕在山岩上的无心的白云相互追逐。

An Aged Fisherman

(Tang Dyn.) Liu Zongyuan

An aged fisherman stays at the West Hill for the night,
At dawn he draws river waters and sets bamboos alight.
As mists disperse in sunrise he's gone and seen no more,
Amid the green of billows and hills, with a creaking oar,
He steers a boat far into the stream, and with a backward gaze
Beholds over the hill the guileless clouds each other chase.

Translated by Wang Jianzhong

离思五首（其四）

（唐）元稹

céng jīng cāng hǎi nán wéi shuǐ
曾经沧海难为水，

chú què wū shān bú shì yún
除却巫山不是云[1]。

qǔ cì huā cóng lǎn huí gù
取次花丛懒回顾[2]，

bàn yuán xiū dào bàn yuán jūn
半缘修道半缘君[3]。

【赏析】元稹（Yuán Zhěn，779—831），字微之，河南洛阳（今属河南）人。著有《元氏长庆集》，与白居易极好，常相唱和，世称"元白"。此诗为悼念亡妻韦丛而作，是悼亡诗中的佳作。诗中借物抒情，赞美夫妻之间的恩爱，表达了对韦丛的忠贞不渝与深切怀念之情。诗的开头两句尤其为人称颂，是唐诗中的名句。

【注释】1.沧海无比深广，别处的水无法与之相比；巫山的云是神女所化，娇美无比，相形之下，别处的云就黯然失色。曾经二句说诗人经历过世间最美的"沧海"、"巫山"，对别处的水和云就看不上眼，以此来比喻他们夫妻间的感情，犹如"沧海水"和"巫山云"一样深厚和美好。如今爱妻不幸身亡，世上再也找不到使他动情的女子了。2.取次句意为诗人走过"花丛"也无心回头观顾。3.半缘句意为一半是为了"修道"，一半是为了悼念亡妻。君，指元稹之妻。

To the Memory of My Dear Wife

(The Fourth of Five Poems)

(Tang Dyn.) Yuan Zhen

I have been to the sea and Mt. Witch's top,
No water, no cloud with them can compared be.
When I pass by the flowers, I scorn to look back,
Partly for self-discipline, partly for the sake of thee.

Translated by Wang Jianzhong

闺意献张水部

（唐）朱庆余

dòng fáng zuó yè tíng hóng zhú
洞房昨夜停红烛，

dài xiǎo táng qián bài jiù gū
待晓堂前拜舅姑[1]。

zhuāng bà dī shēng wèn fū xù
妆罢低声问夫婿：

huà méi shēn qiǎn rù shí wú
画眉深浅入时无？

【赏析】 朱庆余(Zhū Qìngyú)，福建人，一说越州（浙江绍兴）人。其诗辞意清新，描写细致。为张籍（约768－约830，字文昌，中唐诗人。任水部员外郎等职。）所赏识。著有《朱庆余诗集》。这首诗从表面看是写“闺情”的，诗人用细腻的笔法刻画了新妇在成婚后的第二天清早，将去拜见公婆前的心理状态，既有妻子的羞涩和娇态，也有做儿媳妇的担心和疑虑。但从题目看，全诗是作者应考前投赠水部郎中张籍的。因为新娘子见公婆的心情，和应考者的心情相似，所以诗人借用比兴，一箭双雕，收到妙尽其意的作用。最后一句“画眉深浅入时无”的意思是：“请您指教，我的诗合不合时行的风格？”据记载，这位乐于提拔后进的张籍阅后，心领神会，当即回了一首诗，前两句是：“越女新妆出镜心，自知明艳更沉吟。”意思是：“你知道自己的诗是明艳的，为什么还不能自信，要来问我呢？”以此对朱庆余的诗作了充分的肯定。

【注释】 1.舅姑：古代称公、婆。

To the Lord Examiner on the Eve of Examination

(Tang Dyn.) Zhu Qingyu

Last night red candles burned low in the bridal room,
At dawn she'll kowtow to new parents with the groom.
She whispers to him after touching up her face:
"Have I painted my brows with fashionable grace?"

Translated by Xu Yuanchong

山行[1]

（唐）杜牧

yuǎn shàng hán shān shí jìng xiá
远上寒山石径斜[2]，

bái yún shēng chù yǒu rén jiā
白云生处有人家[3]。

tíng chē zuò ài fēng lín wǎn
停车坐爱枫林晚[4]，

shuāng yè hóng yú èr yuè huā
霜叶红于二月花[5]。

【赏析】杜牧（Dù Mù，803–约852），字牧之。京兆万年（现陕西西安县）人。曾任黄州、池州、睦州、湖州等地刺史，又曾做过司勋员外郎等官，是晚唐著名作家，诗、赋、散文都写得很好，以诗的成就为最高，与李商隐齐名。诗歌风格爽朗明快，气势纵横，读来给人一种清新之感。今存诗二百多首。这是一首描写深秋季节山中景色的诗，诗中描写的山路、人家、白云、红叶，构成了一幅和谐统一的山林秋色图。特别是最后两句，诗人把经霜的枫叶与二月的红花相比，赋予枫叶以春花的气质，赞美它耐得住秋霜摧残的性格，给人以热烈、振奋的艺术感染力。

【注释】1．山行：在山中行走。2．寒山：深秋季节的山。石径：山间小小的石子路。斜：古时读xiá。3．白云生处：指山的深处。4．坐：因为。枫：树名。这种树的叶子到秋天就变成红色，颜色很美。停车句是说，因为喜爱枫林的晚景，所以停下车子来观赏。5．霜叶句说，经过霜打的枫叶，比二月里的鲜花还要红艳。

Travel in the Mountains

(Tang Dyn.) Du Mu

Afar a path of stone winds up the autumn hill,
And deep in the clouds there are some homes.
I stop my coach for love of maple trees in dusk,
Whose frosted leaves are redder than vernal blooms.

Translated by Wang Jianzhong

过华清宫绝句[1]（其一）

（唐）杜牧

cháng ān huí wàng xiù chéng duī
长安回望绣成堆[2]，

shāng dǐng qiān mén cì dì kāi
山顶千门次第开[3]。

yí jì hóng chéng fēi zi xiào
一骑红尘妃子笑[4]，

wú rén zhī shì lì zhī lái
无人知是荔枝来[5]。

【赏析】此诗共三首，是杜牧经过长安（今西安）骊山华清宫时有感而作。华清宫当年是唐玄宗和杨贵妃玩赏游乐的行宫。诗人通过千里送荔枝这一典型事例，揭露了杨贵妃的恃宠而骄、穷奢极欲的生活。诗歌风格朴素自然，寓意深刻、含蓄，是唐人咏史绝句中的佳作。

A Quatrain Composed When I Passed by the Huaqing Palace

(One of Three Poems)
(Tang Dyn.) Du Mu

Backwards gazing towards Chang'an's mountains in beauty rich,
I saw on the summit a thousand gates open each after each.
Her Ladyship beamed with smiles to see a galloping horse in dust,
Who knows with it comes her favourite lychee?

Translated by Wang Jianzhong

【注释】 1.华清宫：在长安骊山，是唐玄宗的行宫。2.长安：古都，今陕西西安附近。绣成堆：指骊山两旁的东绣岭、西绣岭，又借此形容骊山美不胜收，语意双关。3.千门：指华清宫内有许多宫门。次第开：一道接一道缓缓地打开。4.一骑："一人一马"称"一骑"，此处"骑"古时读"jì"。一骑红尘：宫外一名专使骑着驿马急驰而来，身后扬起团团飞尘。妃子：指杨贵妃。妃子笑：说杨贵妃一听说新鲜荔枝送到，便高兴地笑了。5."荔枝"两字说出了事情的原委。诗人说，没有人知道是因为有人送鲜荔枝来了，寓意含蓄深刻。

江南春[1]

（唐）杜牧

qiān lǐ yīng tí lǜ yìng hóng
千里莺啼绿映红[2]，

shuǐ cūn shān guō jiǔ qí fēng
水村山郭酒旗风[3]。

nán cháo sì bǎi bā shí sì
南朝四百八十寺[4]，

duō shǎo lóu tái yān yǔ zhōng
多少楼台烟雨中[5]。

【赏析】此诗描写江南的春景。前两句写晴天的农村风光；后两句写雨景，亭台楼阁及金碧辉煌、屋宇重重的佛寺都被掩映在迷蒙的烟雨之中。全诗表现了诗人对江南春景的赞美与神往，同时反映了当时社会崇信佛教，大造寺宇的现实。

【注释】1.江南：指长江以南。2.绿映红：绿树红花交相辉映。3.水村：溪边河畔的村庄。山郭：依山的城郭。酒旗：古时用蓝布或白布做成的旗，中间写一个"酒"字，系在竹竿顶端，挂在酒店前面招揽顾客。风：迎风飘扬。4.南朝：指在江南建都的宋、齐、梁、陈，及以前的吴越、东晋，这六个朝代多是佛教盛行的时代，佛寺极多。四百八十寺：虚指，形容很多。5.多少：那么多。烟雨：指烟雾迷漫的春雨。

Springtime South of the Yangzi River

(Tang Dyn.) Du Mu

Far and wide the orioles sing amid the trees and flowers,
Beneath the hill, by the riverside, a village quietly lies,
Before the taverns the banner of wine in breezes flies.
A myriad majestic temples have adorned the Southern Dynasties,
A myriad lofty towers stand veiled in hazy showers.

Translated by Wang Jianzhong

清明[1]

（唐）杜牧

qīng míng shí jié yǔ fēn fēn
清明时节雨纷纷[2]，
lù shàng xíng rén yù duàn hún
路上行人欲断魂[3]。
jiè wèn jiǔ jiā hé chù yǒu
借问酒家何处有[4]，
mù tóng yáo zhǐ xìng huā cūn
牧童遥指杏花村[5]。

【赏析】这首诗既描写江南春天的雨景，也写出游春踏青者的心境和愿望。诗人用通俗的语言，白描的手法，绘出一幅杏花春雨江南的图画。成为唐诗绝句中的佳作。

【注释】1.清明：二十四个节气之一，春分过后第十五天（公历四月五日）。中国向来有在清明扫墓或春游的风俗习惯。2.雨纷纷：细雨绵绵。3.行人：指诗人自己。欲：好像。断魂：指情绪不好，心事重重的样子。4.借问：请问。酒家：酒店，也可指酒店里的人。5.杏花村：杏花深处飘着酒旗的村庄。

On the Tomb-Visiting Day

(Tang Dyn.) Du Mu

Ceaseless fall the drizzles all the dismal day,
A traveller feels all forlorn on his lonely way.
When asked where could be found a tavern room,
A cowboy points to yonder hamlet of apricot bloom.

Translated by Wang Jianzhong

夜雨寄北[1]

（唐）李商隐

jūn wèn guī qī wèi yǒu qī
君问归期未有期，

bā shān yè yǔ zhǎng qiū chí
巴山夜雨涨秋池[2]。

hé dāng gòng jiǎn xī chuāng zhú
何当共剪西窗烛[3]，

què huà bā shān yè yǔ shí
却话巴山夜雨时[4]。

【赏析】李商隐（Lǐ Shāngyǐn，约813–858），字义山，怀州河内（今河南省沁阳县）人。因政治上受到排挤，一生很不得意。所作“咏史”诗多托古讽今。擅长律诗绝句，语言凝炼，结构严密，作品具有独特风格。著有《李义山诗集》。这是诗人寄给妻子的诗（也有说是寄给朋友的），一开始是回答妻子的话，你问我什么时候回家，可我还没有确切的日期呢！当时作者正在四川作客，写诗的时间正是在下着秋雨的夜晚。后两句拟想他日回到妻的身边，靠着西窗，一起剪烛谈心，而今日巴山听雨、吟诗寄远的情景，正是谈心的主要内容。全诗语言朴质流畅，构思新颖，情景交融，读后既感到亲切又十分含蓄。

【注释】1.寄北：当时作者在四川，妻子在北方，故说“寄北”。2.巴山：这里泛指四川的山。涨秋池：池塘里因为秋天下雨水涨起来了。3.何当：何时能够。共剪西窗烛：蜡烛点久了，烛心结成穗形的烛花，光线就昏暗不明，要用剪刀把它剪掉。何当句是想象回家以后和妻子一起依着西窗在夜晚畅谈的情景。4.却话：却追溯。何当二句意思是：不知什么时候才能跟你在一起，说说我今晚在巴山独自听雨声的情景。

Written On a Rainy Night to My Wife in the North

(Tang Dyn.) Li Shangyin

You ask me when I can come back but I don't know,
The pools in western hills with autumn rain o'erflow.
When by our window can we trim the wicks again
And talk about this endless, dreary night of rain?

Translated by Xu Yuanchong

乐游原[1]

（唐）李商隐

xiàng wǎn yì bú shì
向晚意不适[2]，

qū chē dēng gǔ yuán
驱车登古原[3]。

xī yáng wú xiàn hǎo
夕阳无限好，

zhǐ shì jìn huáng hūn
只是近黄昏。

【赏析】此诗写诗人在傍晚，因心情不佳，特驾车前往乐游原游玩，借以排遣心中的烦闷。登上古原，虽看到了夕阳美景，但已临近黄昏了。诗人似乎是在惋惜、感叹，却又不加明说，给读者留下想象的空间。后两句形象地概括了一种普遍的人生感慨。

【注释】1.乐(lè)游原：西安城东南的一座小山，那儿本是一处庙苑，建于汉代。登上古原，可以一览西安全城。这是诗人一向喜欢去的地方。2.向晚句意：傍晚的时候，不知为什么情绪不好。3.古原：指乐游原，是自古就有的游览胜地。

On the Merry-Making Plain

(Tang Dyn.) Li Shangyin

At dusk my heart is filled with gloom,
I drive my cab to ancient Tomb.
The setting sun appears sublime,
But oh! 'tis near its dying time.

Translated by Xu Yuanchong

蜂

（唐）罗隐

bú lùn píng dì yǔ shān jiān
不论平地与山尖，

wú xiàn fēng guāng jìn bèi zhàn
无限风光尽被占。

cǎi dé bǎi huā chéng mì hòu
采得百花成蜜后，

wèi shuí xīn kǔ wèi shuí tián
为谁辛苦为谁甜？

【赏析】罗隐（Luó Yǐn,833—909），字昭谏，杭州新城（今浙江富阳）人。本名横，因十举进士未中，乃改名。他的诗颇有讽刺现实的作用。诗歌多用口语，故少数作品能流传于民间。清人辑有《罗昭谏集》。蜜蜂是为酿蜜而劳苦一生，积累甚多而享受甚少的一种动物，自古以来都是文人作为美好象征来颂扬的。这首诗的前两句说，无论是平原还是高山，所有鲜花盛开的地方，全被蜜蜂占领了。后两句，诗人笔锋一转说，然而蜜蜂采得百花酿成蜜，还不知是为了什么人。“采得百花”示“辛苦”；“成蜜”示“甜”。这后两句诗人感叹蜜蜂自己辛苦甘为人甜，同时也暗寓了作者对劳动者的同情。

Bees

(Tang Dyn.) Luo Yin

O'er plains and hills flutter the bees,
All the fairest scenes are their retreat.
From flower to flower they gather honey sweet,
Yet for whose enjoyment thus toil the bees?

Translated by Wang Jianzhong

送日本国僧敬龙归[1]

（唐）韦庄

fú sāng yǐ zài miǎo máng zhōng
扶桑已在渺茫中[2]，

jiā zài fú sāng dōng gèng dōng
家在扶桑东更东[3]。

cǐ qù yǔ shī shuí gòng dào
此去与师谁共到[4]？

yì chuán míng yuè yì fān fēng
一船明月一帆风[5]。

【赏析】韦庄（Wěi Zhuāng，约836—910），字端己，长安杜陵（今陕西西安东南）人。著有《浣花集》。此诗是来华学佛求经的日本僧人敬龙学成回国，韦庄为他送行时所作。诗中体现了诗人对异国友人的关心，并流露出依依惜别的感情。

Seeing Off the Japanese Monk Jinglong to His Country

(Tang Dyn.) Wei Zhuang

The eastern clime is dimly veiled in mist,
And thy native land is farther away to the east,
Yet who will accompany thee on thy homeward trip?
A full-swoolen sail fluttering over a moonlit ship.

Translated by Wang Jianzhong

【注释】 1.敬龙：日本僧人。晚唐时，日本因唐朝国内动乱，停止派遣唐使，原先随遣唐使船来华学经的僧人便改乘商船来往。唐时商船虽船身小，但行驶快，船家又有航海经验，往返中日之间仅需三昼夜至六七昼夜，且极少遇难漂流。这使日中交通更为频繁，日本僧人入唐也更加方便，敬龙便是其中之一。2.扶桑：日本的代称。此处意指古代神话中所说的东方日出之处，称“神木扶桑”，其境飘渺难寻。3.东更东：指敬龙的家比扶桑还远。4.师：指敬龙。到：平安到达。谁共到：什么人与你一起平安到达家乡呢？5.一船句紧接上句，说“明月”和“顺风”将与敬龙一起到达家乡。明月：表示天晴；风：即顺风，都是吉利话。表达了诗人对友人的诚挚友情与良好祝愿。

江上渔者[1]

（宋）范仲淹

jiāng shàng wǎng lái rén
江上往来人[2]，
dàn ài lú yú měi
但爱鲈鱼美[3]。
jūn kàn yí yè zhōu
君看一叶舟[4]，
chū mò fēng bō lǐ
出没风波里[5]！

【赏析】范仲淹（Fàn Zhòngyān，989—1052）字希文，苏州吴县（今江苏省苏州市）人。北宋著名政治家、文学家。晚年所作散文《岳阳楼记》最为传诵。因死后谥号文正，留有《范文正公集》。本诗写渔民生活的艰苦。世人只知鲈鱼味道鲜美，哪会想到这是渔民们冒着生命危险换来的啊！一叶扁舟，出没风波，形象地表达了诗人对劳动人民的关切与同情，也暗寓自己艰辛的人生经历。

【注释】1．渔者：捕鱼的人。2．往来人：来来往往的人。江上句说江岸上人来人往十分热闹，他们拥到江边为什么呢？很自然地引出下句。3．但爱：只是喜爱。鲈鱼：一种近海鱼，头大，背部和背鳍上有小黑斑，味道鲜美。4．君：你。一叶舟：小小渔船在大江里随风飘流，远看犹似浮在水面上的一片树叶。5．出没：呈现和遮没。出没句指风浪很大时，小舟随着风浪忽上忽下在大江中漂泊。君看二句是说，喜欢鲈鱼美味的人啊，你没看到江上打渔的小船，出没在滔滔风浪中，为捕捉鲈鱼要冒多大的风险。

A Fisherman on the River

(Song Dyn.) Fan Zhongyan

The travellers come and go along the river,
Just for love of perch's delicious taste.
Look! How yonder skiff does rise and fall
In the violent wind amid the billows' waste.

Translated by Wang Jianzhong

陶者[1]

（宋）梅尧臣

táo jìn méng qián tǔ
陶尽门前土[2]，
wū shàng wú piàn wǎ
屋上无片瓦；
shí zhǐ bù zhān ní
十指不沾泥，
lín lín jū dà shà
鳞鳞居大厦[3]。

【赏析】 梅尧臣（Méi Yáochén，1002—1060），北宋著名诗人，字圣俞，宣州宣城（今属安徽省）人。因宣城古名宛陵，世称梅宛陵。他提倡平淡的诗风，与欧阳修等一起反对当时一味追求词藻华丽的文风。这首诗用事实对比的手法，揭露了封建社会的不合理现象。前两句讲制瓦的人为了制瓦连自家门前的泥土都挖尽了，可是他们屋上却一片瓦都没有；后两句写富家贵族，他们手不沾泥，却住着高楼大厦。诗人不加一句评论，却能发人深思。短短二十个字，表达了作者对劳苦人民的深切同情。

【注释】 1.陶者：制造砖瓦的人，即指烧窑工人。2.陶：动词，挖的意思。3.鳞鳞：形容屋上盖的瓦片多而密，一片接一片，像鱼鳞一样。

The Brick Burner

(Song Dyn.) Mei Yaochen

The earth before the brick burner's door is dug away,
Yet on top of his hut is seen not a single tile.
The idle fellows who never stain their fingers with clay,
Live in comfortable mansions crowned with tile above tile.

Translated by Wang Jianzhong

画眉鸟[1]

（宋）欧阳修

bǎi zhuǎn qiān shēng suí yì yí
百啭千声随意移[2]，
shān huā hóng zǐ shù gāo dī
山花红紫树高低[3]。
shǐ zhī suǒ xiàng jīn lóng tīng
始知锁向金笼听[4]，
bù jí lín jiān zì zài tí
不及林间自在啼[5]。

【赏析】欧阳修（Ōuyáng Xiū，1007—1072），北宋杰出文学家，政治家。字永叔，别号醉翁，庐陵（今江西省吉安市）人。幼时家境贫困，因买不起纸笔，母亲用芦秆画地教他写字。后成为北宋文坛领袖，又是"唐宋八大家"之一。这首诗是说画眉鸟应让它在林间自由啼叫，如果把它关在笼子里，它的叫声就逊色多了。寓意深刻，启人遐思。

【注释】1.画眉鸟：鸟名，背部黄褐色，腹面黄白色，眼上有像眉毛一样的白斑，叫声非常动听。2.啭：宛转的鸟叫声。随意移：是说鸟儿在枝头边叫边跳跃，叫声多变，很能打动人的感情。3.百啭二句说：不管在山林中红花紫花之间，还是在高高低低的树林之间，画眉鸟都可以自由自在地飞翔鸣唱。4.始知：才知道。金笼：装饰得很华丽的鸟笼。5.自在啼：自由自在地鸣叫。

The Thrushes

(Song Dyn.) Ouyang Xiu

The thrushes with a thousand notes sing their fill
Amid red or purple flowers, in trees high or low.
The birds in a golden cage confined, now I know,
Are not so gay as the forest Song Dyn.sters who can freely trill.

Translated by Wang Jianzhong

泊船瓜洲[1]

（宋）王安石

jīng kǒu guā zhōu yì shuǐ jiān
京口瓜洲一水间[2]，
zhōng shān zhǐ gé shù chóng shān
钟山只隔数重山[3]。
shūn fēng yòu lǜ jiāng nán àn
春风又绿江南岸[4]，
míng yuè hé shí zhào wǒ huán
明月何时照我还[5]？

【赏析】王安石（Wáng Ānshí，1021—1086），字介甫，晚年自号半山老人，抚州临川（今江西临川）人。北宋杰出的政治家、文学家。主张变法，做了不少于民有利的事。后因受到保守派的阻挠和反对，被迫离职。文学上成就很高，是"唐宋八大家"之一。这首诗是作者路过瓜洲时，怀念金陵（今南京）的故居而写的。诗中第三句"春风又绿江南岸"中的"绿"字，是讲究修辞炼字的著名例子。据说他在草稿上曾用过许多字，最初是"到"，改作"过"，又改作"入"，再改作"满"，一共改了十几次，最后才选定了这个"绿"（作动词用）字。这里，一个"绿"字，把春天江南色彩以及它与春风的关系，非常巧妙、确切而又形象地表达出来了。

【注释】1.泊船：停船靠岸。瓜洲：在长江北岸，在今扬州市南面，与镇江相对。此诗作于诗人第二次拜相，奉诏进京，船停靠在瓜洲时。2.京口：长江南岸，现江苏镇江。间：隔。京口句说京口与瓜洲只隔了一条水（指长江）。3.钟山：这里指今南京紫金山。数重：几座。钟山句指瓜洲到南京只隔着几座山，路途不远。4.绿：吹绿了。江南：长江以南。5.还：回。指回到钟山家中。春风二句把吹绿和思归联系在一起，表达了作者希望早日辞官归家的心愿。

Mooring at Guazhou

(Song Dyn.) Wang Anshi

Between Jingkou and Guazhou does a river flow,
But a few hills away stands the mountain Zhongshan.
The vernal breeze now greens the southern shore again,
When will the moon light my way as I homewards go?

Translated by Wang Jianzhong

梅花

（宋）王安石

qiáng jiǎo shù zhī méi
墙角数枝梅，
líng hán dú zì kāi
凌寒独自开[1]。
yáo zhī bú shì xuě
遥知不是雪[2]，
wèi yǒu àn xiāng lái
为有暗香来[3]。

【赏析】这是一首咏梅诗。自古以来咏梅都联系到雪。因为雪、梅都是高洁的象征。诗人在这里不但赞美了梅花有如白雪的高洁，更具冬雪所没有的清香的品格。

【注释】1.凌寒：冒着寒冷。凌寒句极赞梅花，在百花凋谢的严冬，只有梅花不怕寒冷，独自开放。2.遥：即远。3.为：因为。暗香：出自林逋［Lín Bū，(967–1028)，字君复，钱塘（今浙江杭州）人，宋初隐士，其诗多表现隐居生活的情趣。］的咏梅名句："暗香浮动月黄昏"。句意是，因为远远地就已经闻到梅花的幽香了。

The Plum Blossoms

(Song Dyn.) Wang Anshi

In the nook of a wall a few plum sprays
Blossom alone on the bleak winter days.
From afar I see they can not be snows,
For a stealthy breath of perfume hither flows.

Translated by Wang Jianzhong

书湖阴先生壁二首[1]（其一）

（宋）王安石

máo yán cháng sǎo jìng wú tái
茅檐长扫净无苔[2]，

huā mù chéng qí shǒu zì zāi
花木成畦手自栽[3]。

yì shuǐ hù tián jiāng lǜ rào
一水护田将绿绕[4]，

liǎng shān pái tà sòng qīng lái
两山排闼送青来[5]。

【赏析】这首诗描写郊外山居人家的初夏景色，同时也表达了作者对邻里的赞美之情。

【注释】1.湖阴：指杨德逢（Yáng Déféng），别号湖阴先生，是作者退居金陵（现南京）时的邻居和经常来往的朋友。这是王安石题写在杨德逢屋壁上的一首诗。2.茅檐：这里指庭院。此句讲因为主人勤打扫，庭院里干净得连青苔都不长。3.花木成畦：各种繁多的花木，排列得非常整齐，错落有致。4.一水：一条小溪。护田将绿绕：护着绿油油的农田。5.两：虚指。此处"两山"对"一水"。排：作推解。闼：门。排闼：即推开门，可直接望到青山。但作者运用拟人手法，说成青山推门而入，送入眼帘。

An Inscription on the Wall of Mr. Huyin's Residence

(One of Two Poems)
(Song Dyn.) Wang Anshi

The yard, oft swept, appears mossless and clean,
The variegated flowers and trees present a pleasant view.
A stream for protection flows around the fields of green,
Through open doors come in twin mountains of blue.

Translated by Wang Jianzhong

饮湖上初晴后雨[1]

（宋）苏轼

shuǐ guāng liàn yàn qíng fāng hǎo
水光潋滟晴方好[2]，

shān sè kōng méng yǔ yì qí
山色空濛雨亦奇[3]。

yù bǎ xī hú bǐ xī zǐ
欲把西湖比西子[4]，

dàn zhuāng nóng mǒ zǒng xiāng yí
淡妆浓抹总相宜。

【赏析】苏轼（Sū Shì，1037—1101），字子瞻，自号东坡居士，眉州眉山（现四川眉山）人。北宋大文学家。早年因反对王安石的新法，曾屡遭贬斥。苏轼博学多才，诗文书画都有很高的造诣，与父苏洵（Sū Xún，1009—1066）、弟苏辙（Sū Zhé，1039—1112）合称“三苏”。是“唐宋八大家”之一。这首赞美西湖的诗歌，称得上是西湖诗中的千古绝唱。不论是晴天还是雨天，西湖都是非常美丽的。它像美女西施一样，不论是淡雅的装束，还是浓艳的打扮，都是精妙绝伦，难以言喻。西湖也从此得到西子湖的美称。

【注释】1.湖：指今浙江省杭州市的西湖。饮湖上：在西湖上饮酒。初晴后雨：开始是晴天，后来又下雨了。2.潋滟：水波闪动的样子。3.空濛：烟雨迷茫的样子。4.欲：如果。西子：春秋时越国有名的美女西施。

Drinking on the Lake When First Appears Sunshine, Then Followed by Rain

(Song Dyn.) Su Shi

So charming are the shimmering waves in sunny beams,
And wondrous too the hazy mountains in rainy gleams.
The West Lake, if compared to Xishi, the maiden fair,
Can be as fair with simple toilet as in gorgeous wear.

Translated by Wang Jianzhong

题西林壁[1]

（宋）苏轼

héng kàn chéng lǐng cè chéng fēng
横看成岭侧成峰[2]，

yuǎn jìn gāo dī gè bù tóng
远近高低各不同。

bù shí lú shān zhēn miàn mù
不识庐山真面目，

zhǐ yuán shēn zài cǐ shān zhōng
只缘身在此山中[3]。

【赏析】 这首诗写庐山千姿百态的面貌。妙在“不识庐山真面目，只缘身在此山中”两句。诗人用浅近的语言，说明了一个平凡的哲理，启发人们正确认识全体与局部、宏观与微观的关系，也包含有“当局者迷，旁观者清”的意思。

【注释】 1.西林：西林寺，位于今江西庐山七岭之西。这首诗就是写在寺里墙壁上的。2.侧：从侧面看。3.只缘：只因为。

Inscription on the Wall of Xilin Temple

(Song Dyn.) Su Shi

The horizontal ranges become tall peaks in a sidelong view,
The scenes so vary when seen from high or low, from far or near.
The genuine features of Mt. Lushan are ever strange to you,
Just because you are within this mountain's bounding sphere.

Translated by Wang Jianzhong

惠崇春江晚景[1]

（宋）苏轼

zhú wài táo huā sān liǎng zhī
竹外桃花三两枝，

chū jiāng shuǐ nuǎn yā xiān zhī
春江水暖鸭先知。

lóu hāo mǎn dì lú yá duǎn
蒌蒿满地芦芽短[2]，

zhèng shì hé tún yù shàng shí
正是河豚欲上时[3]。

【赏析】 这是一首描写早春景色的题画诗。岸边的竹子、桃花，地上的蒌蒿、芦芽，水中的鸭子、河豚，都是春天大自然中的事物。作者通过鸭之"知水暖"，河豚之"欲上时"，变静景为动景，整个画面就显得生机勃发，春色盎然了。

【注释】 1. 惠崇（Huì Chóng，?—1017?）：宋初的一位能诗善画的和尚。《春江晚景》是他的一幅画作。这首诗是苏轼题在画上的。2. 蒌蒿：春天的一种野菜。芦芽：芦笋。3. 河豚：一种味道很鲜美而有毒的鱼。欲上：快要浮上（水面来）。

On Huichong's Painting "The Vernal River at Dusk"

(Song Dyn.) Su Shi

Beyond the bamboos a few peach boughs in blossom glow,
In spring the ducks first feel the water's warm flow.
Among the scattered wormwoods the asparagus buds anew,
Now is the time the globefish would rise up into view.

Translated by Wang Jianzhong

绝句

（宋）李清照

shēng dāng zuò rén jié
生当作人杰[1]，
sǐ yì wéi guǐ xióng
死亦为鬼雄[2]。
zhì jīn sī xiàng yǔ
至今思项羽[3]，
bù kěn guò jiāng dōng
不肯过江东[4]。

【赏析】李清照（**Lǐ Qīngzhào**,1084—1151？），号易安居士，济南章丘（今属山东济南）人，南宋杰出女词人、诗人。她的词脍炙人口，写情细致缠绵，在艺术上有独特成就。诗作流传下来的不多，但格调激昂，流露出爱国的热情。这首诗表面上是赞美不肯忍辱偷生的英雄项羽，实际上是以古讽今，讽刺当时妥协南逃的南宋统治者。

【注释】1.人杰：人中的豪杰，2.生当二句是说：人活着应该做英雄，死也要死得有价值。3.项羽：秦朝末年的起义军领袖，即楚霸王。4.江东：泛指江南一带。项羽和刘邦争夺天下，后被刘邦打败，退到乌江，有人劝他回到江东，整兵再举。项羽认为当初跟随他一起渡江过来的八千江东子弟没有一个人活着回去，自己一个人回去还有什么面目见江东父老，结果在乌江自杀了。至今二句是说，直到现在人们还念念不忘项羽当年不肯渡江回到江东去的这种英雄性格。

A Quatrain

(Song Dyn.) Li Qingzhao

Alive we should stand out prominent among men,
And prove ourselves heroes of ghosts when no more.
Xiang Yu the valiant warrior is remembered all along,
For he refused to retreat to the river's eastern shore.

Translated by Wang Jianzhong

晓出净慈寺送林子方[1]

（宋）杨万里

bì jìng xī hú liù yuè zhōng
毕竟西湖六月中[2]，

fēng guāng bù yǔ sì shí tóng
风光不与四时同[3]。

jiē tiān lián yè wú qióng bì
接天莲叶无穷碧[4]，

yìng rì hé huā bié yàng hóng
映日荷花别样红[5]。

【赏析】杨万里（Yáng Wànlǐ，1127—1206）字廷秀，号诚斋，吉州吉水（今江西吉安）人，南宋著名诗人。他的诗内容大多写自然景物。一生作二万多首诗，但没有全流传下来。这首诗描写六月里的西湖风光，在朝霞映照下，满湖的莲叶衬托着鲜艳的荷花，显得艳丽明媚。

【注释】1.晓：早晨。出净慈寺：走出净慈寺（在今杭州西湖西南边的名寺）。林子方：人名，作者的朋友。题目告诉我们这是在六月的一天清早走出净慈寺，送友人林子方，路过西湖边，看到大自然的美景，写下了这首小诗。2.毕竟：到底。3.风光：风景。四时：本指春夏秋冬四季，这里泛指其他季节。毕竟二句是说西湖六月中的风光，到底与其他季节不一样。4.接天句描写西湖里的莲叶，一直铺到水与天相接的远方。5.映日荷花：在朝阳辉映下的荷花。别样红：碧绿的莲叶陪衬着艳红的荷花，显得分外好看。

Walking in Early Morning Out of the Temple of Purified Benevolence
— To Bid Farewell to Mr. Lin Zifang

(Song Dyn.) Yang Wanli

The West Lake after all is in the prime of June,
Unseen in other seasons, now rises a different view.
The lotus leaves raise to the sky a boundless green,
The flowers in sunshine assume a peculiarly crimson hue.

Translated by Wang Jianzhong

游山西村

（宋）陆游

mò xiào nóng jiā là jiǔ hún
莫笑农家腊酒浑[1]，

fēng nián liú kè zú jī tún
丰年留客足鸡豚[2]。

shān chóng shuǐ fù yí wú lù
山重水复疑无路[3]，

liǔ àn huā míng yòu yì cūn
柳暗花明又一村[4]。

xiāo gǔ zhuī suí chūn shè jìn
箫鼓追随春社近[5]，

yī guān jiǎn pǔ gǔ fēng cún
衣冠简朴古风存。

cóng jīn ruò xǔ xián chéng yuè
从今若许闲乘月[6]，

zhǔ zhàng wú shí yè kòu mén
拄杖无时夜叩门[7]。

【赏析】陆游（Lù Yóu，1125—1210），字务观，号放翁，越州山阴（今浙江绍兴）人。自幼便立志抗金，曾在几个地方任官职。晚年退居家乡，但爱国热情不减。一生写了许多爱国诗篇，现留下来的有九千多首。陆游是南宋的伟大爱国诗人，诗风豪迈清新，语言精炼。与尤袤（Yóu Mào，1127—1194）、杨万里、范成大（Fàn Chéngdà，1126—1193）并称南宋四大家。这首诗是陆游初次罢官回乡，定居山村的第二年春天所作。诗人描写了山村丰收的欢悦景象，自己也沉浸在怡然自得的田园之乐中。尤其是诗中三四两句“山重水复疑无路，柳暗花明又一村”更是寓意深刻，发人深思。

Visiting a Village of Shanyin

(Song Dyn.) Lu You

Scorn not the farmer's winter wine as turbid brew,
I'm well fed with the fowl and pork of the bumper year.
When I seem lost in mazes of many a stream and hill,
Amid dim willows and glowing blooms a village appears in view.
The pipes shrill, the drums beat, the festival of land god draws near,
The villagers in simple dress their ancient customs keep still.
Henceforth if I can have the leisure to roam in moonlight,
I'll walk with a stick and tap at a cottage door at night.

Translated by Wang Jianzhong

【注释】 1.莫：不要。腊酒：头一年腊月酿制的米酒，开春后饮用。2.豚：小猪。足鸡豚：即鸡豚足，表示菜肴丰盛。莫笑二句写出了丰收之年农村一片宁静、欢悦景象，并赞赏村民淳朴的民风。3.疑：以为。4.山重二句是传颂千古的名句。在响着潺潺水声的清幽的山间，不见人迹；绵延曲折的小路，隐藏在杂草丛生的山间，叫人无法辨认，以为是无路可走了，正在深山丛中感到迷惘不解时，却看到了柳绿花红，几间农家茅舍隐现于花木之中，叫人顿时豁然开朗，兴奋不已。5.箫鼓：箫声、鼓声。春社：古代立春后第五个戊日为春社日，农民集会拜祭土地神和五谷神，以祈求丰年。6.闲乘月：闲时趁着月光外出夜游。7.无时：随时。从今二句，表示了诗人能随时在月夜拄杖访问，轻叩柴门，与年老农夫亲切交谈的愿望。

十一月四日风雨大作

（宋）陆游

jiāng wò gū cūn bú zì āi
僵卧孤村不自哀[1]，
shàng sī wèi guó shù lún tái
尚思为国戍轮台[2]。
yè lán wò tīng fēng chuī yǔ
夜阑卧听风吹雨[3]，
tiě mǎ bīng hé rù mèng lái
铁马冰河入梦来[4]。

【赏析】这首诗写于南宋光宗绍熙三年（1192）农历11月4日深夜。是写山阴（今浙江绍兴）突遭暴风雨袭击，诗人罢官回故居，又年老卧病，但他还是希望能到前线去，为国家贡献自己的力量，甚至连做梦也看到抗金士兵为收复失地而英勇奋战的悲壮情景。

【注释】1.僵卧：身体衰弱，动弹不得，躺在床上。孤村：孤零零的偏僻村庄。2.尚思：还是想。戍：防守边疆。轮台：原汉代西域地名，今新疆轮台县，借指北方边疆。3.夜阑：夜深。风吹雨：风雨大作。4.铁马：披着铁甲的战马。冰河：冰冻的河流，此处泛指北方严寒之地。夜阑二句说诗人听到外面暴风雨的声音，好像千军万马一般，在梦幻中自己好像骑着战马，踏过冰河，在北方战场上，为收复失地而英勇杀敌。

A Storm on November 4th

(Song Dyn.) Lu You

Bedridden in a lonely hamlet, myself I pity not,
But still I think of going to safeguard our border.
Deep in the night I listen to the violent storm outside,
And dream of riding an armoured steed across the frozen river.

Translated by Wang Jianzhong

剑门道中遇微雨[1]

（宋）陆游

yī shàng zhēng chén zá jiǔ hén
衣上征尘杂酒痕[2]，

yuǎn yóu wú chù bù xiāo hún
远游无处不消魂[3]。

cǐ shēn hé shì shī rén wèi
此身合是诗人未[4]？

xì yǔ qí lǘ rù jiàn mén
细雨骑驴入剑门。

【赏析】这是48岁的陆游在被迫离婚和考场失利后，苦闷彷徨，情绪低落时所作。诗人在绵绵细雨中骑驴去四川浪游。他在驴背上颠簸劳累，沉然无语，感叹自己想指挥士兵收复失地的愿望落空，恐怕从此只能以诗人的身心来了却一生了。语虽平淡，感慨至深。

【注释】1.剑门：山名，在今四川省剑阁县北，因峭壁中断处，两山相峙如门，故称剑门，是古代北方入蜀的必经要地。2.征尘：旅途中的灰尘。杂：夹杂。3.消魂：因过度刺激而神思茫然。这里指诗人远游，借酒消愁，形容悲伤愁苦的样子。4.未：即"否"，表疑问。此身句是诗人自问，此后（入剑门去成都后），他仅只是一个诗人了吗？表示他已预想到自己正处在生活的转折点上，怕今后不可能再带兵抗敌了。

Caught in Drizzle on My Way to Jianmen Pass

(Song Dyn.) Lu You

My garment is covered with dust and some wine stain,
On the journey afar, I feel deep sorrow everywhere.
As I move on an ass towards Jianmen Pass in rain,
I ask myself, shall I henceforth be a mere poet forever?

Translated by Wang Jianzhong

示儿[1]

（宋）陆游

sǐ qù yuán zhī wàn shì kōng
死去原知万事空[2]，
dàn bēi bú jiàn jiǔ zhōu tóng
但悲不见九州同[3]。
wáng shī běi dìng zhōng yuán rì
王师北定中原日[4]，
jiā jì wú wàng gào nǎi wēng
家祭无忘告乃翁[5]！

【赏析】这是陆游临终前的绝命诗。诗人时年 85 岁，仍念念不忘祖国领土的完整和统一。他叮嘱儿子将来祭祀时，千万不要忘记告诉他收复中原的消息，表现了作者至死不渝的爱国激情。

【注释】1.示儿：给儿子们看。2.原知：原来就知道。3.九州：传说里中国中原上古行政区，共分九个州。同：统一。死去二句是说，我本来就知道一个人死了以后，什么事都是空的，只是还有一件事总使我感到悲痛，那就是没有看到祖国的统一。4.中原：指淮河以北为金兵所占领的地方。王师北定中原：指南宋的将领带兵收复北方领土。5.家祭：在家里对祖先的祭祀。忘：为合古诗平仄，在此处读 wáng。乃翁：你的父亲。

To Sons

(Song Dyn.) Lu You

I know when one is dead all become empty and vain,
But I lament that I could not our united nation behold,
When the royal armies from the foes the lost land regain,
At the family worship, let this happy news to thy sire be told.

Translated by wang Jianzhong

四时田园杂兴（其一）

（宋）范成大

zhòu chū yún tián yè jì má
昼出耘田夜绩麻[1]，

cūn zhuāng ér nǚ gè dāng jiā
村庄儿女各当家[2]。

tóng sūn wèi jiě gōng gēng zhī
童孙未解供耕织[3]，

yě bàng sāng yīn xué zhòng guā
也傍桑阴学种瓜。

【赏析】范成大（Fàn Chéngdà，1126—1193），字致能，号石湖居士，吴郡（今江苏苏州）人。南宋杰出诗人。他的诗题材广泛，所作田园诗尤为著名。范成大住在石湖时，把在农村中所见所闻写成田园杂兴诗绝句60首。因分别描写春、夏、秋、冬四个季节中的农村景象，抒发各种感想，故称"四时田园杂兴"。这首诗描写农村生产劳动的紧张气氛，从早到晚，男女老少齐为农务劳作忙碌，连稚气的儿童也模仿着大人的样子，学着种瓜，表现了孩童的天真可爱和勤劳。

【注释】1.耘：除草。绩麻：把麻搓成细条。2.各当家：各人都担当一定职务，担负起家庭的生活。3.解：懂得。供：从事、参加。

Rural Scenes in Four Seasons

(One of the Sequence)
(Song Dyn.) Fan Chengda

They weed the fields by day and twist the jute at eve,
The village children do their share of work for the family.
Though little grandsons know not how to plough or weave,
They learn to plant melon seeds in the shade of mulberry.

Translated by Wang Jianzhong

游园不值[1]

（宋）叶绍翁

yīng lián jī chǐ yìn cāng tái
应怜屐齿印苍苔[2]，

xiǎo kòu chái fēi jiǔ bù kāi
小扣柴扉久不开[3]。

chūn sè mǎn yuán guān bú zhù
春色满园关不住，

yì zhī hóng xìng chū qiáng lái
一枝红杏出墙来。

【赏析】叶绍翁（Yè Shàowēng），生卒年不详，字嗣宗，号靖逸，处州龙泉（今浙江龙泉）人。江湖派诗人，擅长七言绝句。这首诗写作者游园访友，不料主人外出，园门紧闭。无意中抬头看到一枝红杏伸出墙外，向这位游客吐露了满园的春色。这后两句诗是传颂千古的名句，说明万物逢春萌发，有着无限的生命力，它是任何力量都遏制不住的。

【注释】1.不值：意为不遇，没有遇到主人。2.怜：此处作可惜讲。屐：一种木制、底很高的鞋。屐齿：木屐底下钉的鞋钉。应怜句说，在长青苔的门前站久了，木屐底下的鞋钉印子都踩在青苔上了。3.小扣：轻轻地敲打。柴扉：柴门。

A Visit to the Garden Without Meeting My Friend

(Song Dyn.) Ye Shaoweng

My clog nails impress their piteous prints on the mosses,
As I tap long on the wattled gate, which opens not.
But the spring tide cannot be shut within the garden,
Over the wall peeps out a crimson spray of apricot.

Translated by Wang Jianzhong

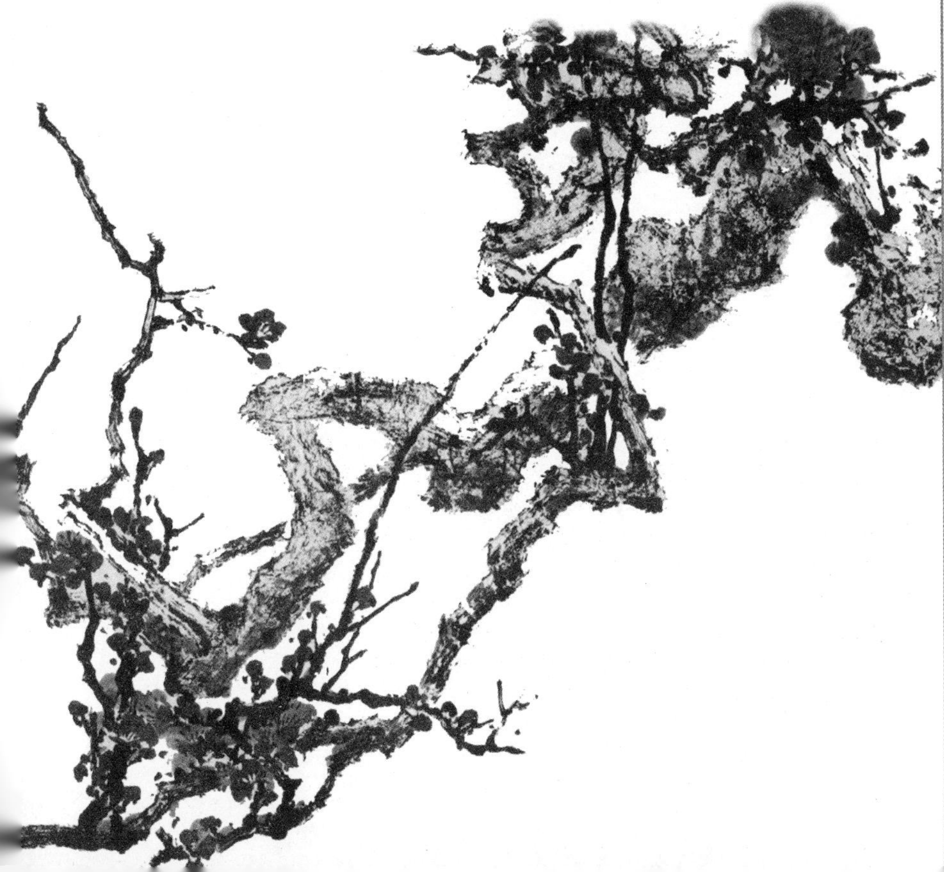

过零丁洋[1]

（宋）文天祥

xīn kǔ zāo féng qǐ yì jīng
辛苦遭逢起一经[2]，

gān gē liáo luò sì zhōu xīng
干戈寥落四周星[3]。

shān hé pò suì fēng piāo xù
山河破碎风飘絮[4]，

shēn shì fú chén yǔ dǎ píng
身世浮沉雨打萍[5]。

huáng kǒng tān tóu shuō huáng kǒng
惶恐滩头说惶恐[6]，

líng dīng yáng lǐ tàn líng dīng
零丁洋里叹零丁[7]。

rén shēng zì gǔ shuí wú sǐ
人生自古谁无死？

liú qǔ dān xīn zhào hàn qīng
留取丹心照汗青[8]。

【赏析】文天祥（Wén Tiānxiáng，1236—1283），字宋瑞，一字履善，号文山，吉州庐陵（现江西吉安）人。南宋末年伟大的民族英雄和诗人。元兵南下时，他代表宋朝与元人谈判，被扣。后在镇江脱逃。再度起兵抗元，兵败被俘。他在狱中坚决拒绝元人威胁利诱，最后从容就义。这首诗是文天祥被俘后，随船过零丁洋时写下的悲壮诗篇。当时，投降元朝的南宋将领张弘范正做着元军的元帅，他逼迫文天祥写信招降在海上坚决抵抗的宋将张世杰。文天祥就写了这首诗给张弘范。诗中述说了国家与个人的悲惨遭遇，慷慨表示了愿为国献身的壮志。最后两句，数百年来成为鼓舞英雄志士不畏牺牲、取义成仁的豪言壮语。

When Passing the Sea of Lingding Yang

(Song Dyn.) Wen Tianxiang

Having passed the exam in a classic, an official I became,
And then in tumults of war I spent four years, all in vain.
Our broken land is like willow catkins driven in wind,
My life is as drifting duckweed under the strokes of storms.
The Shoals of Fear told the dreary days of horrid fright,
Now on the Solitary Sea I bemoan my solitary self.
Since ancient times who ever can forever live and not die?
I would leave my crimson heart to shine on pages of history.

Translated by Wang Jianzhong

【注释】 1.零丁洋：现广东省中山市南的海域。2.遭逢：遭遇。一经：一种经书。辛苦句意思是作者自叙通过一种经书的考试，进入仕途做了官。3.寥落：荒凉冷落。四周：四周年。干戈句说，在兵荒马乱之中白白地度过了整整四年。4.絮：柳絮。山河句比喻国家命运危在旦夕。5.身世句意思是，自己一生动荡不安，就像水面的浮萍受着风雨的打击。6.惶恐：惊慌的意思。惶恐滩：今江西省万安县境内的一个急流险滩。1277年文天祥在江西被元军打败，从惶恐滩一带撤到福建。7.零丁：孤苦的样子。8.留取：留得。丹心：赤红的心，喻忠贞。汗青：指史册，古时用竹简写书。制竹简必先把青竹的水分烤干才能书写，故称汗青。后人便用“汗青”来称书册。人生二句是说，自古以来有谁能不死，所以人要死得有价值，留下这赤胆忠心在史书上光辉永照。

癸巳五月三日北渡[1]（其一）

（金）元好问

bái gǔ zòng héng sì luàn má
白骨纵横似乱麻，

jǐ nián sāng zǐ biàn lóng shā
几年桑梓变龙沙[2]。

zhǐ zhī hé shuò shēng líng jìn
只知河朔生灵尽[3]，

pò wū shū yān què shù jiā
破屋疏烟却数家。

【赏析】 元好问（Yuán Hǎowèn，1190—1257），字裕之，号遗山，太原秀容（今山西忻县）人。金代唯一的杰出诗人。他的诗反映时代动乱，内容丰富，慷慨悲壮。著有《遗山集》。金哀宗天兴二年（1233）春，元好问与其他官员在青城被蒙古军所俘。这首诗是他从青城北渡，押解去聊城途中所作。全诗提示了河北一带遭劫后的残破景象，控诉了侵略者的掠夺罪行。

【注释】 1.癸巳（guǐ sì）：指1233年。2.桑梓：家乡。龙沙：沙漠，泛指塞外之地。白骨二句话描写原来繁华的家乡被劫后，已是白骨成堆，一片荒凉，有如沙漠一样。3.河朔：今河北省一带。

Crossing the River to the Northern Shore

(One of the Sequence)
(Jin Dyn.) Yuan Haowen

Here and there lie scattered bones of ghastly white,
After a few years, my home's become a desolate sight.
Hardly anyone remains alive among the native folk,
Only some decayed cottages are seen with a thin smoke.

Translated by Wang Jianzhong

上京即事[1]（其一）

（元）萨都剌

niú yáng sàn màn luò rì xià
牛羊散漫落日下[2]，
yě cǎo shēng xiāng rǔ lào tián
野草生香乳酪甜。
juǎn dì shuò fēng shā sì xuě
卷地朔风沙似雪[3]，
jiā jiā xíng zhàng xià zhān lián
家家行帐下毡帘[4]。

【赏析】萨都剌（Sà Dūlà，1305?—1355?），字天锡，号直斋，先世是西域回族（答失蛮氏）人。雁门（今山西省代县）人。他的诗大都清丽俊逸。著有《雁门集》。《上京即事》是组诗，共五首。作者以清新的笔调描绘了祖国北方风光和少数民族的生活。这里选的是其中一首，着重描写边民日落放牧和草原牧民的生活习俗。

【注释】1.上京：指上都，故址在今内蒙古正蓝旗东闪电河北岸。2.散漫：形容牛、羊三五成群，分散、流动在草原上的情景。3.朔风：冬天的北风。4.行帐：帐篷。毡：羊毛制成的毡；毡帘：挂在帐篷门上用以避风保暖。

A Scene in the Capital City

(One of Five Poems)
(Yuan Dyn.) Sa Dula

In rambling groups the cows and sheep in sunset roam,
The wild grass breathes balm, the cheese smells nice.
When rise the winds of north, the sands fly as snow,
And the felt curtain at each tent is lowered in a trice.

Translated by Wang Jianzhong

天净沙·秋思[1]

（元）马致远

kū téng lǎo shù hūn yā
枯藤老树昏鸦[2]，

xiǎo qiáo liú shuǐ rén jiā
小桥流水人家，

gǔ dào xī fēng shòu mǎ
古道西风瘦马[3]，

xī yáng xī xià
夕阳西下，

duàn cháng rén zài tiān yá
断肠人在天涯[4]。

【赏析】马致远（Mǎ Zhìyuǎn，约1250—1321至1324间）字千里，号东篱，大都（今北京）人。他与关汉卿（Guān Hànqīng，生卒年不详）、白朴（Bái Pǔ，1226—1306后）、郑光祖（Zhèng Guāngzǔ，生卒年不详）并称为"元曲四大家"。散曲为元人第一。这是一首构思别出心裁的小令。作者巧妙地把一个行人亲见的九种景物有机地加以编织构制，渲染出一派萧瑟悲凉的气氛。用词典雅，构思奇特，一气浑成而没有堆砌的痕迹，显出作者有捕捉形象的高度才能。该诗在当时就震动了文坛。诗人因此被誉为"秋思之祖"。

【注释】1.天净沙：曲牌名。可兼作小令、套曲。小令以这首《秋思》为最著名。2.昏鸦：黄昏时归巢的乌鸦。3.古道：古老荒凉的小路。4.断肠：比喻极为伤心悲痛。天涯：天边，极远的地方。

Autumn Thoughts
— to the Tune of Tianjingsha

(Yuan Dyn.) Ma Zhiyuan

Bare boughs, aged trees, ravens in twilight;
A tiny bridge, a rolling stream, some cottages in sight;
On the ancient path, in the west wind, walks slow a thin jade.
At sundown a man travels all alone,
Far in the world, broken-hearted to the bone.

Translated by Wang Jianzhong

寻胡隐君[1]

（明）高启

dù shuǐ fù dù shuǐ
渡水复渡水，

kàn huā hái kàn huā
看花还看花[2]。

chūn fēng jiāng shàng lù
春风江上路，

bù jué dào jūn jiā
不觉到君家[3]。

【赏析】高启（Gāo Qǐ,1336—1374），字季迪，长洲（今江苏苏州）人。明初著名文学家。元代末年隐居吴淞江边的青丘。明初被召编修《元史》，后因得罪明太祖而被杀。诗风飘逸清新，部分作品反映了民生疾苦。这首诗写作者去访问一位姓胡的隐士，描写一路上的幽美环境。道道流水，处处鲜花，构成一幅江南水乡优美图画。

【注释】1.寻：访问，拜访。隐君：隐士。2.渡水二句说，一路上渡过了一道又一道水，沿路长满了看不尽的鲜花。3.不觉：不知不觉。君：指胡隐士。春风二句说因为沿途风景优美，忘却了疲劳，不知不觉就到了胡隐士家中。

A Visit to Hermit Hu

(Ming Dyn.) Gao Qi

Across a myriad waterways I passed along,
I saw a myriad flowers that pretty blew.
In the breeze along the rivers I passed along,
And came to the hermit's home before I knew.

Translated by Wang Jianzhong

京师得家书[1]

（明）袁凯

jiāng shuǐ sān qiān lǐ
江水三千里[2]，

jiā shū shí wǔ háng
家书十五行。

háng háng wú bié yǔ
行行无别语，

zhǐ dào zǎo guī xiāng
只道早归乡[3]。

【赏析】袁凯(Yuán Kǎi)，生卒年不详。字景文，号海叟，松江华亭（今上海松江）人。任明代监察御史。博学善辩。后因事为明太祖不满，托病辞归乡里。这是一首巧用数字来表现家书珍贵的抒情诗。在远隔家乡千里之外，得到妻子短短十五行的家书，然行行都是"早点归来"的话，表达了夫妻间的感情之深和相思之切。

【注释】1.京师：指明朝京都南京。家书：家信。2.三千里：极言路途遥远。从松江到南京并没有三千里。3.道：说。

Receiving a Letter from Home

(Ming Dyn.) Yuan Kai

Having travelled the river three thousand li,
A family letter of fifteen lines has to me come.
Each and every line therein indicates nothing
But an eager hope that I may earlier go home.

Translated by Wang Jianzhong

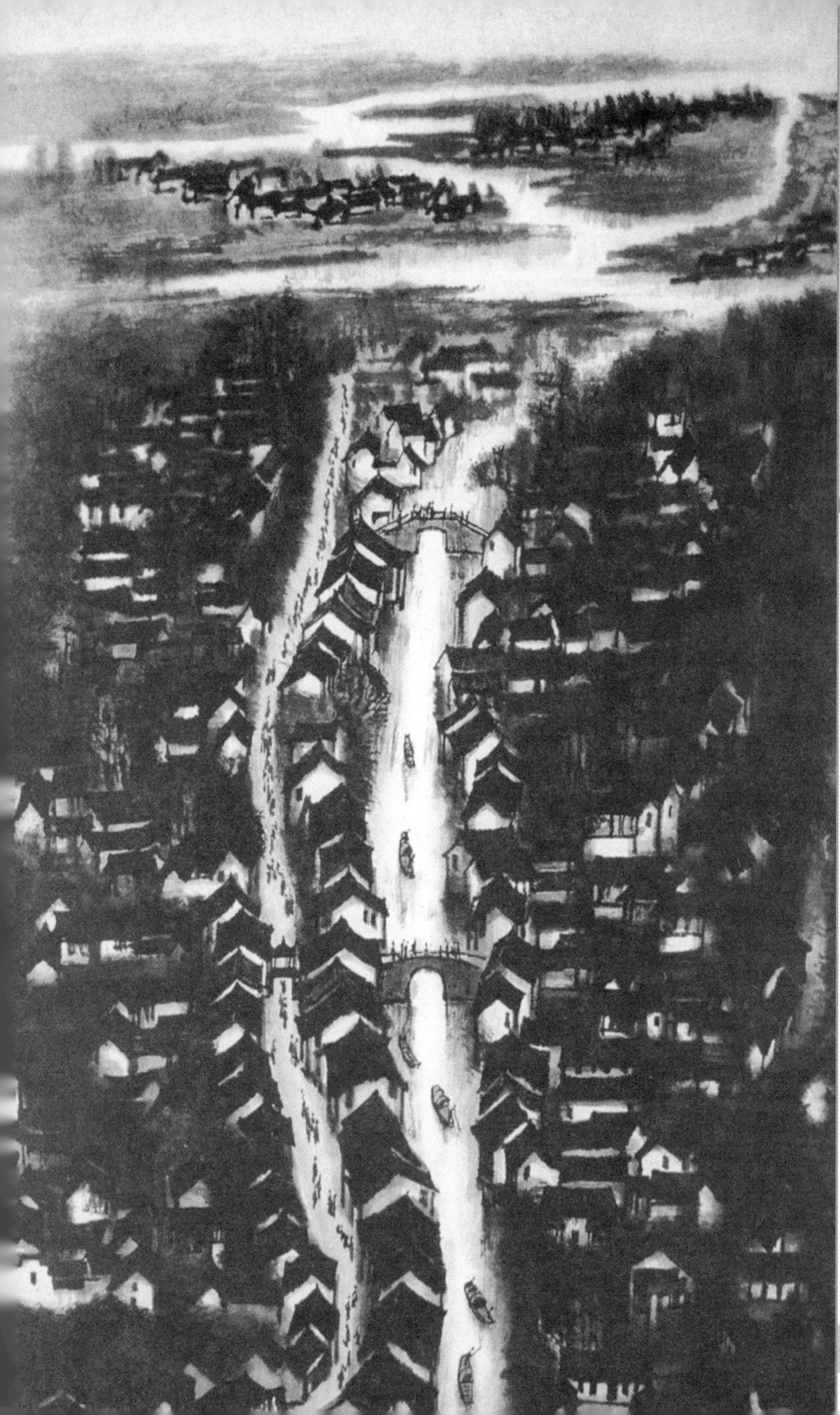

石灰吟

（明）于谦

qiān chuí wàn záo chū shēn shān
千锤万凿出深山[1]，
liè huǒ fén shāo ruò děng xián
烈火焚烧若等闲[2]。
fěn shēn suì gǔ hún bú pà
粉身碎骨浑不怕[3]，
yào liú qīng bái zài rén jiān
要留清白在人间[4]。

【赏析】 于谦（Yú Qiān,1398—1457）字廷益，浙江钱塘（今浙江杭州）人，明代杰出的政治家和军事家，也是一位爱国爱民的诗人。这首诗据说是作者十二岁时所写。他借石灰来抒发自己不畏艰险，不怕牺牲，自愿贡献出一切的高尚志向。

【注释】 1.千锤万凿：用锤子、凿子来击打、开采。千锤句说从深山中开采出烧石灰的原料。2.若等闲：好像很平常。烈火句说山石经过焚烧成为石灰。3.浑：全。粉身句意指石灰使用前先要化得粉碎，才能用来粉刷墙壁。4.清白：表面指石灰颜色，实指自己的好名声。粉身二句合起来是说，只要把清白留在世上，即使自己粉身碎骨也不害怕。

Song of Lime

(Ming Dyn.) Yu Qian

The stones are taken out of mountains through a thousand hackings,
They nothing care as they are burned in fiercely blazing flame,
And when to powder crushed, they show not a bit of fear,
Only hoping to leave to the world an untainted name.

Translated by Wang Jianzhong

朝天子·咏喇叭[1]

（明）王磐

lǎ ba
喇叭，
suǒ nà
锁哪[2]，
qǔ er xiǎo qiāng er dà
曲儿小腔儿大[3]。
guān chuán lái wǎng luàn rú má
官船来往乱如麻，
quán zhàng nǐ tái shēn jià
全仗你抬身价。
jūn tīng le jūn chóu
军听了军愁，
mín tīng le mín pà
民听了民怕。
nǎ lǐ qù biàn shén me zhēn gòng jiǎ
哪里去辨什么真共假？
yǎn jiàn de chuī fān le zhè jiā
眼见的吹翻了这家，
chuī shāng le nà jiā
吹伤了那家，
zhǐ chuī de shuǐ jìn é fēi bà
只吹的水尽鹅飞罢[4]！

The Trumpet

(Chaotianzi, a Tune Scheme of Qu)
(Ming Dyn.) Wang Pan

Trumpet and suona horn,
Oh, trumpet and suona horn,
Though mean, yet loud your sound;
Amid your blaring sound, the royal ships in bustle come and go,
All for your blaring sound.
Yet warriors grieve your sound to hear,
And common folk all shrink into fear.
What is true, what is false, who can know?
Amid your blaring sound one family does to pieces go,
Amid your blaring sound another is hastened to decay,
Amid your blaring sound the river dries and all geese fly away.

Translated by Wang Jianzhong

【赏析】王磐（Wáng Pán，约1470—1530）字鸿渐，高邮（今江苏高邮）人。明散曲家。所作散曲题材广泛。明正德年间，宦官当权，曾以各种各样名义搜刮钱财。官船所到之处，吹起喇叭摆威风，到处敲诈勒索征丁役，百姓深受其苦。于是作者写了这首曲，生动地描写了喇叭声给人民带来的种种灾难，语言幽默，讽刺尖锐，表现了作者对宦官的憎恨和对老百姓的同情。

【注释】1．朝天子：曲牌名。2．锁哪：即唢呐，像喇叭形状的一种乐器。3．曲儿小腔儿大：是说喇叭、唢呐吹奏的曲调简单；但声音大，形容来势凶猛，讽喻宦官依仗皇帝的宠信，横行不法。4．水尽鹅飞：形容被扰得鸡犬不宁，隐喻百姓都已倾家荡产。

明日歌

（明）文嘉

míng rì fù míng rì
明日复明日，

míng rì hé qí duō
明日何其多[1]！

wǒ shēng dài míng rì
我生待明日[2]，

wàn shì chéng cuō tuó
万事成蹉跎[3]。

shì rén ruò bèi míng rì lěi
世人若被明日累[4]，

chūn qù qiū lái lǎo jiāng zhì
春去秋来老将至。

zhāo kàn dōng liú shuǐ
朝看东流水，

mù kàn rì xī zhuì
暮看日西坠[5]。

bǎi nián míng rì néng jǐ hé
百年明日能几何？

qǐng jūn tīng wǒ míng rì gē
请君听我明日歌。

【赏析】文嘉（Wén Jiā，1501—1583），明画家，字休承，号文水，长洲（今江苏吴县）人，擅画山水花卉，工小楷，好作诗。《明日歌》和作者另一首《今日歌》是姐妹篇，都是劝戒之歌。作者告诫人们今日之事莫待明日做，若是什么事都要等到明日去做，则将一事无成。

【注释】1.何其多：那么多。2.生：一生。3.蹉跎：时间白白浪费，光阴虚度。4.累：连累，受害。5.坠：落下，这里指太阳落山。

Song of Tomorrow

(Ming Dyn.) Wen Jia

Tomorrow, and again tomorrow,
There is so many a tomorrow.
If you e'er wait for tomorrow,
Everything will be wasted away in idle flow.
Oh, men, if you e'er wait for tomorrow,
Watching at morning the river eastwards flow,
And viewing the evening sun in the west sink low,
As seasons pass, you'll find old age at your elbow.
In a man's life can there be many a tomorrow?
Oh men, now listen to my Song Dyn, of tomorrow.

Translated by Wang Jianzhong

舟夜书所见[1]

（清）查慎行

yuè hēi jiàn yú dēng
月黑见渔灯，

gū guāng yì diǎn yíng
孤光一点萤[2]。

wēi wēi fēng cù làng
微微风簇浪[3]，

sàn zuò mǎn hé xīng
散作满河星[4]。

【赏析】 查慎行（Zhā Shènxíng，1650—1727），字悔余，号初白，海宁（今属浙江）人。清代诗人，擅长描写自然景物和旅途生活。这首诗描写迷人的夜间水上景色。在没有月亮，只有一盏渔灯的夜晚，从微光中，突然一阵微风吹来，水波荡漾，划散了映在水中的闪烁的星星。

【注释】 1.题目意为夜晚在舟中记录所遇见的事情。2.孤光：孤零零的灯光。萤：萤火虫，这是比喻灯光微弱。3.风簇浪：风吹起了波浪。4.散一读sàn。

A Night Scene on the River

(Qing Dyn.) Zha Shenxing

In the moonless night, I saw a lamp on a fishing boat,
Giving out a lonely gleam, as the firefly's feeble glow.
When a breeze arises and ripples softly flow,
The light melts into twinkling stars on the river afloat.

Translated by Wang Jianzhong

养蚕词

（清）缪嗣寅

cán chū shēng
蚕初生，
cǎi sāng mò shàng tí kuāng xíng
采桑陌上提筐行[1]；
cán yù lǎo
蚕欲老[2]，
yè bàn bù mián cháng qǐ zǎo
夜半不眠常起早。
yī bù xiá huàn fà bù zān
衣不暇浣发不簪[3]，
hái kǒng tiān yīn huài wǒ cán
还恐天阴坏我蚕[4]。
huí tóu fēn fù xiǎo ér nǚ
回头吩咐小儿女，
cán yù shàng shān mò yán yǔ
蚕欲上山莫言语[5]。

【赏析】缪嗣寅（Miào Sìyín，约1662—1722），清代诗人，字朝曦，江苏吴县人。这首诗描写江南农家妇女养蚕的艰辛，富有浓郁的生活气息。从蚕的初生到结茧，农村妇女们早晚都要采桑照料，忙得顾不上梳洗，还要儿女们处处小心翼翼，唯恐意外，一心祈望蚕花丰收。

Song of Silkworm Breeding

(Qing Dyn.) Miao Siyin

As soon as born are the silkworms,
With a basket for mulberry leaves to the field I repair;
When the silkworms lie motionless, ready to weave cocoons,
I often early rise and wake up from midnight sleep,
Sparing no time for washing nor caring for my hair,
And afraid the foul weather would harm my silkworms;
I would turn and tell my children silence to keep
When the silkworms lie motionless, ready to weave cocoons.

Translated by Wang Jianzhong

【注释】 1.陌：田埂。2.老：蚕到将结茧上山时，不吃不动，这时叫“老蚕”。3.不暇：没有时间。浣：洗。簪：妇女插在头发上的首饰，这里作动词解，表示梳理打扮的意思。4.还恐句说，还担心天气不好，蚕会受到损害。5.上山：蚕要结茧时，要放到蚕山上；蚕山是用稻草扎起来的簇，蚕被放在簇上就慢慢地在上面吐丝结茧。过去农村习俗讲，蚕上山时，人们不可讲话，否则要得罪蚕花娘娘，茧子就结不好了。

慈仁寺荷花池[1]

（清）何绍基

zuò kàn dào yǐng jìn tiān hé
坐看倒影浸天河[2]，

fēng guò lán gān shuǐ bù bō
风过栏干水不波[3]。

xiǎng jiàn yè shēn rén sàn hòu
想见夜深人散后，

mǎn hú yíng huǒ bǐ xīng duō
满湖萤火比星多。

【赏析】 何绍基（Hé Shàojī，1799—1873），字子贞，号东洲居士，晚年号蝯（yuán）叟，湖南道州（现湖南道县）人。清代诗人和书法家。他的诗作学苏轼和黄庭坚，大都描写个人日常生活。这首诗描写夏夜池上的景色。在小小池塘里，看到倒映在池中的天河，微风过处水不扬波。想象到夜深人静之后，萤火虫在湖面上比映在水中的星星还多。

【注释】 1.慈仁寺：寺庙名。2.坐看句说池塘中有天河的倒影，看上去荷花似浸在天河里一样。3.栏干：同栏杆。

The Lotus Pond at the Temple of Benevolence

(Qing Dyn.) He Shaoji

When I view the reflected images as in the celestial river,
A breeze o'er the railing passes, yet raises no ripples therein.
Then I think when deep is night and people are gone,
The fireflies over the pond will be more than stars therein.

Translated by Wang Jianzhong

村居

（清）高鼎

cǎo zhǎng yīng fēi èr yuè tiān
草长莺飞二月天，
fú dī yáng liǔ zuì chūn yān
拂堤杨柳醉春烟[1]。
ér tóng sàn xué guī lái zǎo
儿童散学归来早，
máng chèn dōng fēng fàng zhǐ yuān
忙趁东风放纸鸢[2]。

【赏析】高鼎（Gāo Dǐng），生卒年不详，字象一，又字拙吾，浙江仁和（现浙江杭州）人。他善于描写自然景物。这首诗描写了春光明媚的二月，一群活泼的儿童正迎着东风放纸鸢的情景。

【注释】1.拂堤：杨柳枝条下垂，像是在抚摸着堤岸。春烟：春天水泽草木间蒸发出来的雾气。醉：作动词，形容春烟秾丽，杨柳都似乎为之迷醉了。2.忙：忙着，赶忙。趁：趁机，利用机会。纸鸢：风筝。儿童二句的意思是儿童一放学就忙着去放风筝，不放过东风劲吹的好机会。

A Village Scene

(Qing Dyn.) Gao Ding

In February days the grass grows, the orioles fly,
The willows, drunk with vernal mists, to banks bend low.
After school is over the children in haste homewards go
And fly the kites when the eastern breeze is high.

Translated by Wang Jianzhong

己亥杂诗[1]（选一）

（清）龚自珍

jiǔ zhōu shēng qì shì fēng léi
九州生气恃风雷[2]，
wàn mǎ qí yīn jiū kě āi
万马齐喑究可哀[3]。
wǒ quàn tiān gōng chóng dǒu sǒu
我劝天公重抖擞[4]，
bù jū yì gé jiàng rén cái
不拘一格降人才[5]。

【自注】 过镇江[6]，见赛玉皇[7]及风神、雷神者，祷词万数，道士乞撰青词[8]。

【赏析】 龚自珍（Gōng Zìzhēn，1792—1841），字尔玉，又字瑟人，号定庵，浙江仁和（今浙江杭州）人。中国近代史上一位卓越的思想家、著名诗人。这是作者途经镇江，看到当地正举行祈祷玉皇、风神、雷神的庙会，于是利用撰写诗词的机会，尽情抒发，表达了诗人盼望天外来一阵惊雷，打破沉闷的局面，解除各种清规戒律，让各种人才蓬勃出现的愿望。

【注释】 1. 己亥：清道光19年（1839年），龚自珍不满清朝腐败政治，辞官南下，从北京回到杭州，途中前后写成315首绝句。2. 九州：指中国，古代中国分九州。恃：依靠。3. 喑：哑，不发声。万马句意说，虽有马却没有一点声音，实在是可悲哀的。喻士大夫不敢对当时的政局发表意见。4. 抖擞：振作精神。5. 不拘一格：不拘泥于一种方式。我劝二句意为我愿老天能重新振作起精神，降下各种各样的人才来。6. 镇江：现江苏省镇江市，位于长江南岸。7. 玉皇：道教尊之为天上的最高统治者。8. 青词：道教举行仪式时用的文章，用朱砂写在青藤纸上。

Song Dyn. of the Year Ji Hai (1839)

(One of the Sequence)
(Qing Dyn.) Gong Zizhen

Only through wild storms can the nation keeps alive,
Ten thousand horses all dumb are a moanful sight.
Oh, Heaven, I tell thee, make vigorous efforts again,
And send down all manner of talented men from the height.

Translated by Wang Jianzhong

The poet's note: As I passed through Zhenjiang, I saw a large gathering at worship to the Jade Emperor, the God of Wind and the God of Thunder, with thousands upon thousands of prayers. Then a Taoist asked me to write something.

赠梁任父同年[1]

（清）黄遵宪

cùn cùn shān hé cùn cùn jīn
寸寸山河寸寸金[2]，
kuā lí fēn liè lì shuí rèn
佤离分裂力谁任[3]？
dù juān zài bài yōu tiān lèi
杜鹃再拜忧天泪[4]，
jīng wèi wú qióng tián hǎi xīn
精卫无穷填海心[5]。

【赏析】黄遵宪（Huáng Zūnxiàn，1848—1905）字公度，广东嘉应州（今广东梅州）人。先后担任驻日、美、英等国外交官近二十年。深受欧美影响，积极主张变法维新，在诗歌中常表露出反帝爱国思想，语言通俗，意境新颖。这是黄遵宪邀请梁启超到上海办《时务报》时写给梁的一首诗，表现了作者愿意为国献身、变法图强的坚强决心，并对梁启超寄予了热切的期望。

【注释】1.梁任父：即梁启超，号任公。父：旧时加在男子名、号后的美称。同年：旧时科举制度称同榜考中的人为“同年”。2.寸寸句意思是祖国土地像金子似的宝贵。3.佤离：分割。佤离句意思是，谁能为制止祖国被分裂而贡献力量呢？4.杜鹃：据传五代蜀国国王死后化为杜鹃鸟。杜鹃在春天悲啼，声音悲痛，直到啼出血来死去。忧天：这是一个典故。说古代杞国有个人担心天要塌下来，因此愁得睡不着吃不下。此处指为国家前途忧虑。5.精卫：神话中的神鸟，传说精卫是炎帝的女儿，因淹死东海化为精卫鸟。她不断地衔着西山的木石，要把东海填平。精卫句说要像精卫那样，为祖国的存亡而献出自己的全部力量。

To Liang Renfu

(Qing Dyn.) Huang Zunxian

Each inch of our native land is worth the gold,
Yet who can safeguard it from disintegration?
Like the sadly moaning cuckoo, like the loyal bird Jingwei,
With a most eager heart, I dedicate my all to the nation.

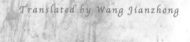

Translated by Wang Jianzhong

台湾竹枝词[1]（其一）

（清）梁启超

xiāng sī shù dǐ shuō xiāng sī
相思树底说相思[2]，

sī láng hèn láng láng bù zhī
思郎恨郎郎不知。

shù tóu jiē dé xiāng sī zǐ
树头结得相思子，

kě shì láng xíng sī qiè shí
可是郎行思妾时？

【赏析】梁启超（Liáng Qǐchāo，1873—1929），字卓如，号任公，别号饮冰室主人。广东新会（现广东新会）人。康梁维新变法运动的头面人物。辛亥革命后曾任北洋政府财政总长等职。他的散文语言流畅，感情丰富，自成一家。作诗较晚，现存一百多首，大部分是流亡国外时所作。这是作者根据台湾民歌加以改写的一组情歌中的一首。前有小序，表达了作者对于日本帝国主义侵占下的台湾和台湾人民的无比眷恋之情。

【注释】1.宣统三年（1911年），作者游台湾时作，原诗十首选其一。2.相思树：即红豆树，一种乔木，它的种子叫红豆，也叫相思子，色泽鲜红，生长在中国南方，古代文学作品中常用来象征爱情或表示相思。

Song of Taiwan Bamboo Fronds

(One Selection)
(Qing Dyn.) Liang Qichao

Beneath the love-pea tree I think of love,
I miss, I hate my sweet, he my heart doesn't know.
When the top of the tree glows with love-pea seeds,
Is my faraway sweet thinking of me now?

Translated by Wang Jianzhong

本事诗[1]（选一）

（清）苏曼殊

chūn yǔ lóu tóu chǐ bā xiāo
春雨楼头尺八箫[1]，
hé shí guī kàn zhè jiāng cháo
何时归看浙江潮[2]？
máng xié pò bō wú rén shí
芒鞋破钵无人识[3]，
tà guò yīng huā dì jǐ qiáo
踏过樱花第几桥[4]？

【赏析】 苏曼殊（Sū Mànshū，1884—1918），原名戬（jiǎn），字子谷，后改名玄瑛，广东香山（今广东中山）人。曼殊是他二十岁出家后的法号。作者1909年春在日本写的寄寓身世之慨的组诗共十首，这里选一首。诗中表达了作者身处异国的孤独感和对祖国的怀念之情。

【注释】 1.尺八箫：日本的一种箫。2.浙江潮：指钱江潮。每年阴历八月十八日，海潮和江流相冲击，激起万丈巨浪，形成中外闻名的天下奇观。何时句意思是想早日回到祖国怀抱。3.芒鞋：草鞋。钵：和尚的食器。芒鞋破钵：是云游四方的和尚形象。4.樱花：一种落叶乔木，春天开放粉红色或白色的花，盛产于日本，被日本称作国花。

Homesick

(One of Ten Poems)
(Qing Dyn.) Su Manshu

In upper chamber playing the Japanese flute to the rain,
How I wish to go back to view the QianTang Dyn. waves rising high!
In sandals of straw, with a broken bowl, all unknown,
How many bridges shall I cross amid blossoms of cherry?

Translated by Wang Jianzhong

责任编辑：陆　瑜
英文编辑：郭　辉
封面设计：OMMO
印刷监制：佟汉冬

图书在版编目（CIP）数据
中国古诗百首读：汉英对照／吴洁敏，朱宏达编著．—北京：华语教学出版社，2007
（中国名著简读系列）
ISBN 978-7-80200-395-8

Ⅰ．中… Ⅱ．①吴… ②朱… Ⅲ．①汉语－对外汉语教学－语言读物②古典诗歌－文学欣赏－中国 Ⅳ．H195.5 I207.22

中国版本图书馆 CIP 数据核字（2007）第 192075 号

中国古诗百首读
吴洁敏　朱宏达　选注
许渊冲　王僩中　翻译
*
华语教学出版社

（中国北京百万庄大街 24 号 邮政编码 100037）
电话：(86)10-68320585
传真：(86)10-68326333
网址：www.sinolingua.com.cn
电子信箱：hyjx@sinolingua.com.cn
北京外文印刷厂印刷
中国国际图书贸易总公司海外发行
（中国北京车公庄西路 35 号）
北京邮政信箱第 399 号 邮政编码 100044
新华书店国内发行
1991 年(40 开)第一版
2008 年(32 开)第二版
(汉英)
ISBN 978-7-80200-395-8
9-CE-3861P
定价：39.00 元